Sprachwelten Französisch

La vie est douce

Sandrine Famin
Pénélope Martin

circon

Baierbrunner Straße 27, 81379 München
Ausgabe 2019
2. Auflage

Redaktion: Marie Frey
Fachkorrektur: Fidisoa R. Freytag
Produktion: Ute Hausleiter
Titelillustration: shutterstock.com/everysunsun
Gestaltung: red.sign GbR, Stuttgart
Umschlaggestaltung: red.sign GbR, Stuttgart

ISBN 978-3-8174-1937-1
381741937/2

www.circonverlag.de

Lesen und Lernen mit den Sprachwelten

So abwechslungsreich war Französischlernen noch nie! Die Sprachwelten kombinieren unterhaltsames Lesen mit dem bewährten didaktischen Konzept der Reihe Lernkrimi. Die vier Kurzgeschichten sind von **muttersprachlichen Autoren** verfasst und genau auf Ihr **Lernniveau** abgestimmt – perfekt für den Unterricht oder individuelles Lernen.

Wörter, die noch unbekannt sind, werden direkt auf der Seite übersetzt, so ist kein zusätzliches Nachschlagen erforderlich. Das **alphabetische Glossar** am Ende des Buches bietet eine Übersicht aller **Vokabeln** mit ihren Übersetzungen. Im phase6-**Vokabeltrainer** sind diese sogar vertont.

Jede Kurzgeschichte enthält abwechslungsreiche, auf den Text bezogene **Übungen** zu Wortschatz, Grammatik und Textverständnis, die zum aktiven Lernen motivieren. Überprüfen Sie Ihren Lernerfolg einfach im **Abschlusstest**. Im Anhang finden Sie alle **Lösungen**.

Ergänzend zu jeder Kurzgeschichte verweisen **Infokästen** auf sprachliche und landeskundliche Besonderheiten.

Inhalt

Le grand saut

Sandrine Famin

Seit einer furchteinflößenden Erfahrung im Sessellift als kleiner Junge plagt den 31-jährigen Maxime eine schreckliche Höhenangst. Wie ein zynischer Wink des Schicksals kommt da der bei einem Gewinnspiel im Radio gewonnene Gutschein für einen Fallschirmsprung. Wird Maxime sich seiner Angst stellen und den Sprung aus 4000 Metern Höhe wagen?

Maxime: ein sportlicher junger Mann, der durch einen Zufall dazu gedrängt wird, seine größte Angst zu überwinden. Schafft er das, könnte dieser Schritt sein Leben grundlegend verändern ...

Pierre: Maximes guter Freund, der ihn unterstützt und darin bekräftigt, den großen Sprung zu wagen.

Laurent: der Besitzer des Fallschirm-Clubs „Chute Libre", der Grund zur Annahme hat, dass ihm jemand schaden will ...

Ce sont les vacances d'hiver. Maxime est un jeune garçon de onze ans. Il est en vacances avec ses parents à Megève. C'est une station de ski dans les Alpes. Aujourd'hui, Maxime ne skie pas. Il fait une **randonnée** avec ses parents. Ils marchent dans la montagne. Le paysage est magnifique ! Tout est blanc : les **sapins** et les montagnes sont **enneigés**. Mais **soudain** le ciel devient **sombre** Et des **flocons** de neige tombent.

randonnée *f*	Ausflug, Wanderung
sapin *m*	Tannenbaum
enneigé	schneebedeckt
soudain	plötzlich
sombre	dunkel
flocon *m*	Schneeflocke
télésiège *m*	Sessellift
s'asseoir *irr*	sich setzen
souffler	*hier:* wehen
siège *m*	Sitz
se détacher	sich lösen
s'inquiéter	sich Sorgen machen
avoir *irr* **la tête qui tourne**	einen schwindligen Kopf haben
vertige *m*	Höhenangst

« Nous allons rentrer, dit la maman. Là-bas, il y a la gare du **télésiège**. »
Ils arrivent devant le télésiège et **s'assoient**. Le télésiège continue vers la gare d'arrivée. Soudain, le télésiège s'arrête. Le vent se lève. Maxime a peur :
« J'ai peur, maman. Le vent **souffle**. Et le **siège** bouge beaucoup.
– Tu ne dois pas avoir peur. Nous allons bientôt repartir.
– Mais nous sommes seuls dans la montagne. Le vent souffle très fort. Imagine maman, si le siège **se détache** ?
– Mais non, Maxime ! Tu **t'inquiètes** beaucoup trop.
– J'ai mal au ventre, maman ! Je ne suis pas bien. **J'ai la tête qui tourne**. J'ai peur de tomber !
– Allons, calme-toi ! Tu as le **vertige**. Ne regarde pas en bas ! Nous allons très vite repartir. »
Quelques minutes plus tard, le télésiège repart. Ils arrivent à la

gare d'arrivée. Maxime est **soulagé**. Mais plus jamais Maxime ne veut remonter dans un télésiège. Il ne veut plus être en **hauteur**.

Exercice 1 : Barrez l'intrus. Streichen Sie das jeweils nicht in die Reihe passende Wort.

1. ski luge patinage tennis
2. nuageux neige enneigé flocons de neige
3. téléphérique télésiège fauteuil tire-fesses
4. hiver printemps éternel automne

20 ans plus tard, Maxime habite à Paris, dans un appartement au **rez-de-chaussée**. Il est très sportif. Ce week-end[i], il veut faire du canoë-kayak. Avant, il veut aller au magasin de sport. Il est maintenant presque 9 heures. Maxime prend sa douche, et s'habille. Il va dans la cuisine. Il prépare son petit-déjeuner. Il **allume** la radio. Il écoute les informations sur Actualités & Sport. Puis, il entend :

soulagé	erleichtert
hauteur *f*	Höhe
rez-de-chaussée *m*	Erdgeschoss
allumer	einschalten
remporter	*hier:* gewinnen

« Grand jeu concours. Gagnez de super cadeaux ! Répondez à la question suivante : Qui a **remporté** le Vendée Globe en 2017 ? Vous connaissez la réponse ? Appelez-nous vite au

0800-17-14 ou envoyez un sms avec votre réponse au 6-74-97 et **gagnez** peut-être notre cadeau du jour ! »
Maxime connaît la réponse. C'est le skipper français Armel Le Cléac'h. Il téléphone. Mais la **ligne** sonne occupée. Il écrit le nom du skipper sur son téléphone et envoie le sms. Puis, il boit son café et mange son croissant. Ensuite, il prend ses **clés** et **part** au magasin de sport.

gagner	gewinnen
ligne *f*	*hier:* Verbindung
clé *f*	Schlüssel
partir *irr*	*hier:* gehen
assez même	sogar ziemlich
saut *m* **en parachute**	Fallschirmsprung
raccrocher	auflegen

Sur le chemin, son téléphone sonne :
« Bonjour, tu es en direct avec la radio Actualités & Sport. C'est le grand jeu concours. Quel est ton nom ?
– Maxime.
– Et bien, Maxime, pour gagner un super cadeau, tu dois répondre à notre question : Qui a remporté le Vendée Globe en 2017 ? Tu connais la réponse ?
– Oui, c'est Armel Le Cléac'h !
– Excellent, Maxime ! C'est la bonne réponse ! Bravo ! Et maintenant, est-ce que tu veux connaître ton cadeau ? Es-tu sportif Maxime ?
– Oui, **assez même**.
– Alors, ce cadeau va te plaire. C'est un **saut en parachute** en tandem ! Félicitations Maxime ! Ne **raccroche** pas, tu vas nous donner ton adresse. »

Achtung, nach der neuen Rechtschreibung wird das aus dem Englischen entlehnte Substantiv *week-end* ohne Bindestrich geschrieben (*weekend*). Diese und einige andere Regelungen wurden mit der **nouvelle ortographe française** verabschiedet. Die alte Schreibung gilt aber nicht als falsch.

Exercice 2 : Vrai ou faux ? Welche Aussagen sind korrekt ? Markieren Sie mit richtig ✓ oder falsch — !

1. Maxime habite au 4ème étage. ❐
2. Maxime fait du canoë-kayak. ❐
3. Maxime a gagné un saut à l'élastique. ❐
4. Maxime a peur quand il est en hauteur. ❐

Maxime reste **stupéfait**. Quelle surprise ! Il gagne un cadeau pour la première fois. Mais il ne veut pas ce cadeau. Il ne peut pas sauter. Il a peur quand il est en hauteur. Il a le vertige. Au téléphone, la **standardiste** lui demande son adresse :
« Maxime, où habitez-vous ? Nous vous envoyons votre cadeau aujourd'hui.
– Mademoiselle, je ne peux pas accepter ce saut en parachute. J'ai peur de la hauteur. Est-ce que je peux avoir un autre cadeau ?
– Non, désolée, ce n'est pas possible. Prenez le temps de **réfléchir**. C'est **dommage** de **refuser** le cadeau. Si vous ne voulez pas faire le saut en parachute, vous pouvez l'**offrir** à un ami ?
– Oui, peut-être. Envoyez-moi le cadeau à mon adresse alors. Merci, et au revoir. »
Maxime donne son nom et son adresse à la standardiste. Puis

stupéfait	verblüfft
standardiste *m/f*	Telefonist(in)
réfléchir *irr*	nachdenken, überlegen
dommage	schade
refuser	ablehnen
offrir *irr*	schenken

il raccroche et réfléchit. Il pense à son ami Pierre. Il peut peut-être offrir ce cadeau à Pierre ?

Exercice 3 : Conjuguez. Lesen Sie weiter und konjugieren Sie die Verben im Präsens.

Maxime **1.** appeler ________________ Pierre :

« Allô ?

– Salut Pierre, c' **2.** être ________________ Maxime, tu **3.** aller ________________ bien ?

– Oui, et toi ?

– Oui, ça **4.** aller ________________. Écoute, tu ne vas pas le croire. Tu **5.** connaître ________________ la radio Actualités & Sport ? Aujourd'hui il y **6.** avoir ________________ un grand jeu concours. Et j'ai gagné ! »

Pierre est surpris :
« Ah bon, tu as gagné un cadeau ?
– Oui, un saut en parachute en tandem ! répond Maxime.
– Oh ?! Toi ?! Mais tu as peur du vide ! Tu veux sauter ?
– C'est ça le problème ! Je ne peux pas sauter ! Et je ne peux pas **échanger** le cadeau. Mais je peux te l'offrir, si tu veux faire ce saut en parachute **à ma place** !

échanger	austauschen
à ma place	an meiner Stelle

– Bien... c'est peut-être un **signe** !

– Un signe ? Comment ça ?

– Il est temps d'**affronter** ta peur du vide. Tu dois faire ce saut en parachute ! Tu ne fais plus de randonnée en montagne depuis cet **incident**. Tu as même peur de monter en haut de la Tour Eiffel. Quand tes amis viennent te **rendre visite** à Paris, tu les attends en bas de la Tour Eiffel. Je dis simplement que tu dois affronter cette peur. C'est un saut en parachute en tandem, tu n'es pas seul, le **moniteur** est avec toi. Si tu veux, je peux te présenter Laurent, il est **instructeur** parachutiste, et c'est un très bon ami.

signe *m*	Zeichen
affronter qc	sich etw. stellen
incident *m*	Vorfall
rendre *irr* **visite**	besuchen
moniteur/trice *m/f*	Lehrer(in)
instructeur/trice *m/f*	Ausbilder(in)
passer prendre qn	jdn. abholen
emmener	mitnehmen, bringen
centre *m*	Zentrum
chute *f* **libre**	freier Fall
rejoindre *irr*	treffen
presser	*hier:* eilen

– Je ne sais pas, je n'ai pas vraiment envie de sauter.

– C'est bien cela ton problème, tu hésites trop ! Je **passe** te **prendre** cet après-midi, et je t'**emmène** au **centre** de parachutisme de Laurent, le centre s'appelle « **Chute libre** ». Tu vas voir, Laurent est un excellent instructeur.

– Oh non, cet après-midi, je ne peux pas, je fais du canoë-kayak. Et maintenant, je vais au magasin de sport.

– Je te **rejoins** au magasin de sport, nous partons ensuite directement à l'école de parachutisme.

– Euh... mais... tu veux aller aujourd'hui à l'école de parachutisme ? On peut y aller la semaine prochaine ! Ou le mois prochain ! Rien ne **presse**. Et ce weekend, je suis déjà occupé !

– Je pars en vacances la semaine prochaine. Je veux venir avec toi à l'école de parachutisme. Et puis, je te connais. Tu n'iras jamais. Je viens avec toi au magasin de sport, puis nous partons directement à **l'aérodrome** de Péronne. À tout de suite !

– Bon, c'est d'accord ! On va à l'école de parachutisme. Mais je demande seulement des **renseignements**. Ensuite, je prends le temps de réfléchir. À tout de suite ! »

aérodrome *m*	Flugplatz
renseignement *m*	Auskunft
rayon *m*	*hier:* Abteilung
nautisme *m*	Wassersport
s'approcher	sich nähern
pagaie *f*	Paddel
choix *m*	Auswahl
choisir *irr*	wählen
régulièrement	regelmäßig
conseiller	empfehlen, beraten

Au magasin, Maxime va au **rayon nautisme**. Son ami Pierre arrive aussi et le rejoint. Un vendeur **s'approche** :

« Bonjour, est-ce que je peux vous aider ?

– Bonjour, oui, je cherche une nouvelle **pagaie** pour mon canoë-kayak.

– Nous avons ici un large **choix**, dit le vendeur. Il montre les pagaies.

– Je ne sais pas quelle pagaie **choisir**. Je fais du kayak **régulièrement**. Pouvez-vous me **conseiller** ?

– Oui, vous pouvez choisir une pagaie double, en carbone.

– Très bien, je vous remercie. Je vais prendre cette pagaie-là[i] » dit Maxime.

Das angehängte *-là* nach *cette pagaie* bedeutet „dort" oder „da", wenn man auf eine Sache zeigt: „dieses Paddel dort"/"dieses Paddel da". Befindet sich die bezeichnete Sache näher beim Sprecher, hängt man *-ci*, also „hier" an: *ce rayon-ci* heißt „dieses Regal hier".

Exercice 4 : Mettez dans l'ordre. Lesen Sie weiter und bringen Sie die Sätze in die richtige Reihenfolge!

a) Combien coûte-t-elle ?

b) Et voilà votre ticket de caisse. Merci Monsieur, et à bientôt !

c) Bien sûr !

d) Elle coûte 75 €.

e) Tenez, voici ma carte.

f) Est-ce que je peux payer par carte bleue ?

g) Au revoir !

1.	2.	3.	4.	5.	6.	7.

sortir *irr* **de**	aus etw. gehen, etw. verlassen
commune *f*	Stadtgemeinde
réception *f*	Empfang
salle *f* **de cours**	Schulungsraum
sortie *f*	*hier:* Ausstieg
atterrissage *m*	Landung

Maxime et Pierre **sortent du** magasin. Ils partent maintenant à l'aérodrome de Péronne. Péronne est une **commune** à une heure et demie au nord de Paris. Laurent, l'ami de Pierre, est instructeur à l'école de parachutisme « Chute libre », à Péronne. Maxime et Pierre arrivent au centre de parachutisme. Ils vont vers la **réception**. Dans la **salle de cours** à côté, les instructeurs montrent aux clients les positions pour la **sortie** de l'avion, pendant la chute libre et à l'**atterrissage**. Pendant ce temps, Pierre voit Laurent dans son

bureau, derrière la réception :
« Salut Laurent !
Laurent **lève** la tête de son ordinateur.
– Bonjour Pierre, comment vas-tu ?
– Ça va ! Laurent, je te présente Maxime, un ami. Il a un **bon-cadeau** pour un saut en parachute en tandem. Et il vient **s'inscrire** à un **baptême** de saut en parachute.
– Mais, j'**hésite** encore, dit Maxime, je voudrais avant des renseignements.
– En fait, nous coopérons avec la radio Actualités & Sports. Tu peux **valider** ton bon-cadeau chez nous ! Nous **proposons** des sauts en parachute en tandem le weekend et le lundi après-midi. Tu dois porter des vêtements **confortables** et des chaussures de sport. Avant le saut, on t'explique tout sur le saut et le **matériel**. Puis on répond à tes questions. Ensuite, tu mets une **combinaison**, des **lunettes** et on **monte** dans **l'avion**. Nous volons en avion jusqu'à 4500 mètres. Là, nous sautons et volons en chute libre pendant 45 secondes. Ensuite le parachute s'ouvre, et nous volons encore pendant 8 minutes, puis nous **atterrissons**. »
Le visage de Maxime **change** de couleur. Laurent comprend que Maxime a peur. Il **se montre rassurant** :

lever	*hier:* aufschauen
bon-cadeau *m*	Gutschein
s'inscrire *irr*	sich anmelden
baptême *m*	*hier:* Jungfernsprung
hésiter	zögern
valider	einlösen
proposer	*hier:* anbieten
confortable	bequem
matériel *m*	Material, Ausrüstung
combinaison *f*	Anzug
monter	*hier:* einsteigen
lunettes *f pl*	Brille
avion *m*	Flugzeug
atterrir	landen
changer	ändern
se montrer	sich zeigen
rassurant	beruhigend

« Le premier saut en parachute est une **expérience excitante**, c'est normal d'avoir peur. Moi aussi, j'ai peur avant chaque saut ! Même après plusieurs années de **pratique**.

Exercice 5 : Traduisez. Übersetzen Sie die folgenden Begriffe ins Französische und geben Sie den bestimmten Artikel an.

1. Monat *le mois*

2. Wochenende ______________

3. Montag ______________

4. Nachmittag ______________

5. Woche ______________

6. Morgen ______________

7. Jahr ______________

8. Mittag ______________

– Ah oui ? demande Maxime.
– Oui, c'est important de comprendre la peur et de l'accepter, il ne faut pas l'**éviter**. Alors Maxime, **prêt** ?
– Oui, peut-être.
Laurent regarde dans son agenda :
« Lundi prochain après-midi ? Je suis libre à 14h30, et nous pouvons sauter ensemble. Voici un document. C'est pour ton médecin. Il doit **remplir** le formulaire et **délivrer** un **certificat médical**. Et tu ramènes les documents lundi.
– C'est d'accord ! Merci pour ces informations, et à lundi alors !

expérience *f*	Erfahrung
excitant	aufregend
pratique *f*	*hier:* Übung, Erfahrung
éviter	ausweichen, vermeiden
prêt	bereit
remplir *irr*	*hier:* ausfüllen
délivrer	*hier:* ausstellen
certificat *m* **médical**	ärztliches Attest

– Au revoir Maxime ! Salut Pierre ! »

Maxime et Pierre partent. Laurent va à son bureau. Il doit travailler encore un peu. Les moniteurs de parachutisme montent avec leurs clients dans l'avion. L'avion **décolle**. Laurent est seul au centre. Soudain, Laurent entend un **bruit**. Le bruit vient de la salle de cours.

décoller	starten, abfliegen
bruit *m*	Lärm
au fond de	hinten
armoire *f*	Schrank
rattraper	*hier:* fangen
démarrer sur les chapeaux de roues	davonbrausen

« Il y a quelqu'un ? »
Personne ne répond. Laurent se lève et sort de son bureau. Il va vers la salle de cours. Il ne voit personne. Tout à coup, **au fond de** la salle, à côté des **armoires**, il voit un homme.
« Hé, qui êtes-vous ? Que faites-vous là ? crie Laurent.
L'homme est surpris. Il court vers la porte de sortie.
« Hé, mais attendez ! » ordonne Laurent.
Mais l'homme ne s'arrête pas. Il ouvre la porte de la salle de cours et court vers le parking. Laurent court derrière, mais il ne le **rattrape** pas. L'homme ouvre sa voiture, et **démarre sur les chapeaux de roues**. Laurent regarde la voiture partir. Il ne reconnaît[i] pas la voiture. Elle est très loin maintenant. Et Laurent ne peut pas la rattraper. Il retourne dans la salle de cours. Il voit une armoire ouverte. C'est bizarre ! Les moniteurs ferment toujours les armoires avant de partir. Laurent s'approche. Mais, c'est son armoire ! Il range

> Das Verb *reconnaître* schreibt man mit Einführung der neuen Rechtschreibung anders. Der Accent Circonflexe fällt weg und somit ist folgende Schreibung erlaubt: *reconnaitre*. Dies soll das Erlernen der französischen Schriftsprache erleichtern.

son matériel de parachutisme dans cette armoire. Et il ferme toujours à clé. Mais qui a ouvert ? Et comment ? Il voit une lettre posée dans l'armoire. Laurent ouvre l'enveloppe et lit : *Tu dois vendre ton école de parachutisme ou tu vas le* ***regretter*** *!*

Exercice 6 : La négation. Bilden Sie die Verneinung der folgenden Sätze mit *ne pas, ne jamais* und *ne personne!*

1. L'homme est surpris.

L'homme n'est pas surpris.

2. Il ferme toujours à clé.

______________________________.

3. Il y a quelqu'un.

______________________________.

4. Laurent doit travailler.

______________________________.

5. Les moniteurs ferment toujours les armoires.

______________________________.

« Mais qui est **l'auteur** de cette lettre ? Qui **lui en veut** ? Et pourquoi ? » se demande Laurent.
Puis il regarde dans l'armoire. Laurent découvre une paire de ciseaux. Mais que font des ciseaux dans son ar-

regretter	bereuen
auteur *m*	Autor
en vouloir à qn	es auf jdn. abgesehen haben

moire à parachutes ? Soudain, Laurent comprend. Il prend un parachute et le **déplie**. La **toile de parachute** est **déchirée** ! Laurent est **horrifié**. Il court jusqu'à la réception. Il prend le téléphone et appelle Christophe, le pilote de l'avion :
« Vous ne devez pas sauter, je **répète**, vous ne devez pas sauter. Christophe, ici, c'est Laurent, est-ce que tu m'entends ?
– Oui, je t'entends très bien. Mais que se passe-t-il, Laurent ? Pourquoi est-ce que nous ne pouvons pas sauter ?
– Je n'ai pas le temps d'expliquer. Revenez **immédiatement** au centre.
– Très bien Laurent. Nous **annulons** le saut. Nous revenons. »

déplier	auffalten
toile *f* **de parachute**	Fallschirmsegel
déchiré	zerrissen
horrifié	entsetzt
répéter	wiederholen
immédiatement	sofort
annuler	absagen
inventer	erfinden, sich ausdenken
prétexte *m*	Vorwand, Ausrede
paniquer	in Panik geraten
rembourser	zurückzahlen
désagrément *m*	Unannehmlichkeit
réunir *irr*	versammeln

L'avion se pose. Les clients et les moniteurs sortent de l'avion. Ils rentrent au centre de parachutisme. Laurent **invente** un **prétexte**. Ses clients ne doivent pas **paniquer**.
« Je suis désolé. Le saut est annulé aujourd'hui. Le vent se lève. Je vous **rembourse** vos sauts. Je vous propose un saut la semaine prochaine. Et je vous offre la vidéo de votre saut gratuitement pour m'excuser de ce **désagrément**. »
Les clients sont surpris. Mais ils acceptent tous. Ils reviendront la semaine prochaine. Ils se déshabillent et rendent la combinaison et les lunettes. Ils saluent leur moniteur de saut. Et rentrent chez eux. Laurent attend leur départ. Puis il **réunit**

ses moniteurs dans la salle de cours :

« Que se passe-t-il Laurent ? Pourquoi est-ce que tu annules le saut aujourd'hui ? Il n'y a **pourtant** pas de vent !

– J'ai **surpris** un homme dans la salle de cours. Il a laissé cette lettre. Et une paire de ciseaux. Mon parachute est déchiré ! Je dois **vérifier** tous les parachutes avant les prochains sauts.

pourtant	*hier:* doch
surprendre *irr*	überraschen
vérifier	überprüfen, nachprüfen
incroyable	unglaublich
préférer	etw. lieber mögen
prudent	vorsichtig
rendez-vous *m*	Termin
serrurier *m*	Schlosser
saluer	begrüßen
ranger	aufräumen

– Mais ce n'est pas possible ! C'est **incroyable** ! Qui peut faire ça ?

– Je ne sais pas. Je ne sais pas qui peut m'en vouloir.

– Il faut appeler la police ! Et tout de suite !

– Non, je ne **préfère** pas. Pas maintenant. Si la police vient, nos clients vont s'inquiéter[i]. C'est de la mauvaise publicité. Je ne veux pas fermer le centre de parachutisme. Nous devons être **prudents**. Je vérifie tous les parachutes un à un. Je vais changer toutes les serrures. Je prends **rendez-vous** avec un **serrurier**. Rentrez chez vous. Il n'y a pas d'autre saut aujourd'hui. Nous nous voyons demain.

– Très bien, à demain Laurent !

– Oui, à demain ! »

Les moniteurs **saluent** Laurent et rentrent chez eux. Laurent, lui, déplie chaque parachute un à un. Il les vérifie tous. Puis il les **range** dans l'armoire à parachutes.

i Das **Futur composé** setzt sich aus der konjugierten Form des Hilfsverbs *aller* und dem Infinitiv zusammen. So wird aus *ils s'inquiètent* → *ils vont s'inquiéter.*

Aucun autre parachute n'est déchiré. **Heureusement**, il n'y a pas eu d'accident ! Il **ferme** l'école de parachutisme à clé et rentre chez lui.

Exercice 7 : Vrai ou faux ? Welche Aussagen sind korrekt? Markieren Sie mit richtig ✓ oder falsch — !

1. Laurent surprend un homme dans la salle de cours. ❐
2. Il trouve un couteau dans son armoire à parachutes. ❐
3. Laurent reçoit une lettre de menace. ❐
4. Le saut en parachute a lieu normalement. ❐
5. Plusieurs parachutes sont déchirés. ❐

Pendant ce temps, Pierre et Maxime rentrent à Paris en voiture.

« Je suis heureux pour toi, Maxime. Tu as gagné un beau cadeau. Et tu es inscrit pour le saut en parachute. On va au restaurant ce midi ? Je t'**invite** !

– Oui, c'est d'accord. Allons au restaurant *La bonne cuisine*. C'est **délicieux** ! »

Au restaurant, un **serveur** s'approche :

« Bonjour Messieurs. Vous **désirez** une table pour deux ? Avez-vous **réservé** ?

– Non, nous n'avons pas réservé.

– Bien, **suivez**-moi. Vous pouvez vous asseoir ici. Voilà la carte. »

heureusement	zum Glück
fermer	zuschließen
inviter	einladen
délicieux	lecker, köstlich
serveur *m*	Kellner
désirer	wünschen
réservé	reserviert
suivre *irr*	folgen

Exercice 8 : Mettez dans l'ordre. Lesen Sie weiter und bringen Sie die Sätze in die richtige Reihenfolge.

a) « Qu'est-ce qu'il y a au menu ? demande Pierre.

b) – Pour moi, ce sera le steak-frites.

c) – **À point.**

d) – Il y a un **pavé de saumon** avec des légumes **grillés**, ou un steak-frites.

e) – Quelle **cuisson** pour le steak ?

f) – Je vais prendre le saumon, répond Pierre. Et toi Maxime ?

g) – Et est-ce que vous prenez une entrée ?

h) – **Servez**-nous votre meilleur vin !

i) – Et comme boisson ?

j) – Non, rien pour moi.

k) – Pour moi, non plus.

l) – Très bien, Messieurs ! »

1.	2.	3.	4.	5.	6.	7.	8.	9.	10.	11.	12.
a						g					l

Le serveur prend les cartes et va en cuisine. Maxime et Pierre discutent :

« Qu'est-ce que tu fais cet après-midi ? demande Pierre.

– Je vais faire du canoë-kayak. Je veux essayer ma nouvelle pagaie. Et toi ?

– Je vais emmener ma fille Emma au cinéma. Elle veut voir le nouveau **dessin animé** ».

Le serveur les sert[i]. Maxime et Pierre parlent encore un peu. Ils **commandent** un café. Puis Pierre demande **l'addition**. Il paie. Ils quittent tous les deux le restaurant, et partent. Maxime va faire du canoë-kayak et Pierre va chercher sa fille et ils vont au cinéma.

à point	medium
pavé *m* **de saumon**	Lachssteak
grillé	gebraten
cuisson *f*	*hier:* Garstufe
dessin *m* **animé**	Zeichentrickfilm
commander	bestellen
addition *f*	Rechnung
lampe *f* **de poche**	Taschenlampe
morceau *m*	Stück

Le soir, au centre de parachutisme « Chute libre ».

Un homme se gare sur le parking du centre. Il sort de sa voiture et va vers l'école. Le centre est fermé à clé. Il sort des clés de sa poche. Laurent n'a pas encore changé les serrures. Il entre dans l'école. Il allume sa **lampe de poche** et va vers la salle de cours. Il s'arrête devant les armoires à parachutes. Il ouvre l'armoire de Laurent et prend un autre parachute. Il le déplie. Sort des ciseaux de sa poche. Et coupe un **morceau** de la toile du parachute. Puis il replie le parachute et range le parachute dans l'armoire. Ensuite, il va vers le bureau de Laurent.

> Es lohnt sich, die Verben und ihre Konjugationsformen gut zu lernen, um im Text das Verb *servir*, das sich hinter *il sert* verbirgt, zu erkennen.

Exercice 9 : Choisissez et conjuguez. Lesen Sie weiter und setzen Sie die richtig konjugierten Verben ein!

allumer | **télécharger** | ouvrir | éteindre | cliquer | **retirer** | mettre

Il **1.** __________ l'ordinateur de Laurent. Il **2.** __________ sur **l'écran** et **3.** __________ un **dossier**. Il **4.** __________ une clé USB dans l'ordinateur et **5.** __________ le dossier sur sa clé. Il **6.** __________ ensuite sa clé et **7.** __________ l'ordinateur.

Il sort du bureau de Laurent et referme la porte du bureau. Puis il sort de l'école. Il éteint sa lampe de poche. Il va vers sa voiture, et part.

télécharger	herunterladen
retirer	zurücknehmen
écran *m*	Bildschirm
dossier *m*	Ordner
anxieux	ängstlich
jour *m*	Tag X
estomac *m* **noué**	Magenkrämpfe, Kribbeln im Bauch

Le jour J est arrivé. Maxime est **anxieux**. Depuis sa visite à l'aérodrome, il ne dort pas bien. Il a **l'estomac noué**. Il se lève et va dans la cuisine. Il prépare son petit déjeuner, deux tartines de pain avec de la confiture, un café, un jus d'orange, mais il ne peut rien manger. Puis, il va dans la salle de bains. Il se douche, se brosse les dents et se coiffe. Il retourne dans sa chambre. Il choisit des vêtements confortables, un jean et un sweat. Puis il met des chaussettes et des baskets. Cet après-midi, il a son saut en parachute. Ce matin, il doit voir son médecin pour le certificat médical. Il part de chez lui. Son médecin n'est pas très loin. À dix minutes à pied.

salle *f* **d'attente**	Wartezimmer
prévenir *irr*	*hier:* benachrichtigen, wissen lassen
sauter dans le vide	ins Leere springen
sécurisé	gesichert

Maxime arrive au cabinet médical :

« Bonjour Mademoiselle. J'ai rendez-vous ce matin avec le docteur Chevallier.

– Bonjour Monsieur, quel est votre nom ?

– Je suis Maxime Deschamps.

– Oui, vous avez rendez-vous à 10 heures. Asseyez-vous dans la **salle d'attente**, je **préviens** le docteur que vous êtes arrivé.

– Merci. »

Quelques minutes plus tard, le docteur arrive dans la salle d'attente :

– Bonjour Monsieur Deschamps. Comment allez-vous ?

– Bonjour Docteur. Je vais bien, merci. Je viens vous voir pour un certificat médical.

– Bien, allons dans mon bureau... Pourquoi voulez-vous un certificat médical ?

– Je vais faire un saut en parachute. C'est pour le centre de parachutisme.

– Oui, je comprends. Est-ce que vous vous sentez prêt ?

– Oui, non, je ne sais pas, j'hésite.

– Pourquoi hésitez-vous ?

– C'est dangereux, non ? On **saute dans le vide** !

– Vous savez, le parachutisme est un sport très **sécurisé**. Il peut y avoir des **accidents**, mais ils sont très **rares**. Le matériel est régulièrement contrôlé, les moniteurs sont **formés**.

– Oui, mais j'ai peur quand je suis en hauteur. J'ai le vertige.

– Attention, il ne faut pas **confondre** la peur du vide et le vertige. Dans votre cas, il s'agit d'**acrophobie**. Elle vient de cette randonnée. Nous en avons déjà parlé. Depuis, vous avez peur quand vous êtes en hauteur : vous ne visitez pas de monuments en hauteur, vous ne discutez pas avec vos amis sur une terrasse au 6ème étage, vous ne faites pas de randonnée en **altitude**.

accident *m*	Unfall
rare	selten
formé	*hier:* ausgebildet
confondre *irr*	verwechseln
acrophobie *f*	Höhenangst
altitude *f*	Höhe
guérir *irr*	heilen
d'un coup	plötzlich
ausculter	untersuchen

– Qu'est-ce que je peux faire alors ?

– Il faut faire face à sa peur, mais on ne **guérit** pas **d'un coup**.

– C'est ce que je me suis dit, moi. Alors, je vais annuler le saut en parachute !

– Il faut se confronter progressivement à cette peur du vide. Je vous laisse décider si vous êtes prêt pour le saut. Je regarde d'abord votre dossier médical. Vous prenez des médicaments ?

– Non.

– Vous fumez ?

– Non plus.

– Bien, je vais vous **ausculter**... Vous êtes en bonne santé. Je remplis le formulaire de l'école de parachutisme et je vous donne votre certificat médical. Et voilà Monsieur Deschamps !

– Merci docteur ! Au revoir !

– Au revoir Monsieur Deschamps ! Bon courage ! »

Exercice 10 : Les questions. **Bilden Sie Fragesätze mit *est-ce que.***

1. Vous fumez ?

Est-ce que vous fumez ?

2. Vous avez peur ?

____

3. Vous prenez des médicaments ?

____

4. Vous vous sentez bien ?

____

5. Vous vous sentez prêt ?

____

Maxime rentre chez lui. Dans l'après-midi, son ami Pierre sonne à la porte. Maxime ouvre :

« Salut Maxime, ça va ?

– Pas vraiment, non !

– Tu ne te sens pas bien ?

– Je me demande si c'est **raisonnable**, ce saut en parachute ? J'ai vu le médecin ce matin. Lui aussi dit que c'est trop **précipité**.

– Mais Maxime ! Tu dois affronter ta peur, ensuite plus rien ne te semblera impossible. »

raisonnable	vernünftig
précipité	voreilig

Pierre et Maxime sont en voiture. Pierre conduit. Pendant tout le trajet, **ni** Maxime **ni** Pierre **ne** parlent. Maxime est très **tendu**. Ils arrivent à l'école de parachutisme « Chute libre ».

« Les **conditions météorologiques** sont très **favorables** aujourd'hui, vous êtes **chanceux** ! » dit le réceptionniste, et il donne à Maxime un **formulaire de décharge**. Maxime remplit le formulaire. Puis il donne au réceptionniste son certificat médical. Laurent, leur ami instructeur, les rejoint. Il salue Maxime et Pierre. Puis il emmène Maxime dans la salle de cours. Là, il explique à Maxime les règles de **sécurité**. Ensuite, il montre comment se positionner à la sortie de l'avion et pendant le saut. Enfin, Laurent va vers l'armoire des parachutes. Il ouvre son armoire et prend les combinaisons et un parachute. Maxime **enfile** la combinaison sur ses vêtements. Puis il met le casque et les lunettes. Maxime est prêt. Laurent est inquiet. Il pense à l'incident de samedi. Qui peut lui en vouloir ? Et qui veut fermer son école de parachutisme ? Heureusement, le serrurier vient en fin d'après-midi. Les serrures de toutes les armoires seront changées. Laurent et Maxime se dirigent vers l'avion. Avant de monter dans l'avion, Maxime regarde son ami Pierre.

Pierre lui fait signe de la main. Puis Maxime monte dans l'avion. L'avion décolle.

ni… ni… ne	weder… noch…
tendu	angespannt, gestresst
conditions météorologiques *f pl*	Wetterbedingungen
favorable	*hier:* günstig
être *irr* **chanceux**	Glück haben
formulaire *m* **de décharge**	Freigabeformular
sécurité *f*	Sicherheit
enfiler	*hier:* anziehen
fixer	befestigen
harnais *m*	Gurtwerk
battre *irr*	schlagen
se mettre *irr* **à genoux**	knien

Exercice 11 : Mots cachés. **Finden Sie sieben Gefühle im Gitternetz. Anhand der verbleibenden Buchstaben erfahren Sie, wie Maxime sich jetzt fühlt.**

T	A	H	E	U	R	E	U	X
R	F	U	R	I	E	U	X	N
I	G	S	U	R	P	R	I	S
S	J	O	Y	E	U	X	O	I
T	S	C	O	N	T	E	N	T
E	S	É	E	N	E	R	V	E

1. *heureux*
2. ______
3. ______
4. ______
5. ______
6. ______

Solution : Maxime est ______.

En vingt minutes, l'avion atteint 4000 mètres d'altitude. Laurent **fixe** le **harnais** de Maxime au sien. Quelques minutes avant de sauter, Laurent remontre à Maxime les positions pour le saut. Puis, Laurent ouvre la porte de l'avion. Il fait signe à Maxime de s'approcher de la porte. Maxime a terriblement peur. Il ne sent plus ses jambes. Son cœur **bat** très vite. Il **se met à genoux** devant la porte grande ouverte. Laurent est fixé à lui. Maxime voit le vide devant lui. Il se revoit enfant, assis sur le télésiège, coincé en haut de la montagne. Il **ressent** la même peur. Maxime n'**arrive** plus **à** réfléchir. Puis Laurent commence le **décompte** « 5, 4, 3... ». Maxime a peur. Il ne peut pas sauter. Il regarde dehors. Vers le bas. Il n'est pas bien. Il a la tête qui tourne. « ...2, Go ! » Laurent le **pousse** dans le vide. Le grand saut ! En quelques secondes, ils **atteignent** une vitesse d'environ 200 km/h. En chute libre ! Bizarrement, Maxime n'a plus peur, il se sent extrêmement bien. Il est tellement **fier** de lui. Il a **réussi** ! Il a réussi à sauter ! Il a affronté sa peur du vide ! Il garde les yeux bien ouverts, il veut **profiter** de tout le panorama. Maxime veut crier et rire en même temps. Il est extrêmement heureux. En quelques secondes, ils atteignent les 1500 mètres. Et Laurent va devoir ouvrir le parachute...

ressentir *irr*	empfinden
arriver à faire qc	es schaffen, etw. zu tun
décompte *m*	*hier:* Countdown
pousser	*hier:* schieben
atteindre *irr*	erreichen
fier	stolz
réussir *irr*	gelingen
profiter de qc	*hier:* etw. genießen

La vie est douce

Sandrine Famin

Der 48jährige Personalmanager Mathieu Rochant hätte nie gedacht, dass ausgerechnet ihm das passieren könnte: Er verliert seinen Job. Nicht nur finanziell, sondern auch persönlich belastet ihn das sehr. Hat er überhaupt noch eine Chance auf dem Arbeitsmarkt? Entgegen den Ratschlägen seiner Frau wagt Mathieu einen echten Neuanfang ...

Mathieu Rochant : ein äußerst erfolgreicher Personalmanager, der mit Ende vierzig gezwungen ist, eine beängstigende Veränderung zu akzeptieren.

Marianne Rochant : Mathieus Frau, die sich zunächst lediglich um Ansehen und Lebensqualität zu sorgen scheint und dabei fast ihren Ehemann verliert.

Luc Cérusier : Besitzer eines Schmuckgeschäfts, der Mathieu durch einen unglücklichen Zwischenfall auf die Idee seines Lebens bringt ...

Dans la chambre de son appartement parisien, Mathieu Rochant ouvre les yeux. Il regarde le réveil. Il est six heures du matin. Ce matin, Mathieu a un rendez-vous important à son bureau. Dans le lit, sa femme, Marianne Rochant, dort encore. Il se lève sans faire de **bruit**. Il va dans la salle de bains. Il regarde son visage dans le **miroir**. Mathieu a quarante-sept ans. C'est un bel[i] homme. Il a des cheveux poivre et sel. Il est grand et mince. Il est très sportif. Il fait beaucoup de sport, parce qu'il est **gourmand**. Il aime surtout manger les **pâtisseries**. Depuis plusieurs années, il porte des **lunettes** pour lire et pour travailler à son ordinateur. Avec ses lunettes, il est très sérieux. Dans la salle de bains, Mathieu prend une douche, puis il s'habille. Il met son costume bleu, une chemise blanche et une cravate bleu marine. Avec ce costume, il est très chic et **attirant**. Mathieu se dirige ensuite dans la cuisine. Il **allume** la machine à café. Puis, il allume la radio et écoute les informations. Mathieu et sa femme habitent dans le seizième arrondissement de Paris. Ils n'ont pas d'enfants. Ils vivent dans une belle maison près des quais de Seine. Le bureau de Mathieu est à La Défense. C'est le **quartier des affaires**. Il est situé au Nord-Ouest de Paris. Mathieu prend sa voiture, une voiture sportive de collection, pour aller à son travail.

bruit *m*	Lärm
miroir *m*	Spiegel
gourmand	naschhaft
pâtisseries *f pl*	Feingebäck
lunettes *f pl*	Brille
attirant	anziehend
allumer	einschalten
quartier *m* **des affaires**	Geschäftsviertel

Die männliche Form des Adjektivs *beau* wird vor Substantiven zu *bel*, wenn das Substantiv mit einem Vokal oder einem stummen ‚h' beginnt.

Exercice 1 : Combinez. **Verbinden Sie die Tätigkeiten mit dem passenden Raum.**

1. ☐ Je dors
2. ☐ Je prends une douche
3. ☐ Je bois un café
4. ☐ Je gare la voiture
5. ☐ Je travaille à mon ordinateur

a) dans la cuisine.
b) dans le garage.
c) dans le bureau.
d) dans la chambre.
e) dans la salle de bains.

Le **siège** de son entreprise Eurogidix se trouve dans un immeuble moderne. Mathieu va vers l'ascenseur. Son bureau se trouve au quinzième étage, juste à côté du bureau du Directeur général. Ce matin, il a rendez-vous avec le directeur. Depuis quinze ans, Mathieu travaille dans une grande entreprise d'import-export. Il est directeur des **ressources humaines**. Depuis quelques mois, l'entreprise a des difficultés **financières**. Mathieu doit **licencier** des **salariés**. Ici, tout le monde le sait : avoir rendez-vous dans le bureau de Monsieur Rochant n'est pas une bonne chose. Tous ses collègues ont peur de lui. Au travail, Mathieu n'a pas d'amis.

siège *m*	Hauptsitz
ressources *f pl* **humaines**	Personalbereich
financier	finanziell
licencier	kündigen
salarié *m*	Arbeitnehmer

Au quinzième étage, la secrétaire lui fait signe. Le directeur l'attend. Mathieu frappe à la porte du bureau du directeur :

« Entrez !
- Bonjour Monsieur le Directeur, nous avons rendez-vous !
- Bonjour Monsieur Rochant. C'est exact. Asseyez-vous !
- Merci.

Exercice 2 : Conjuguez au présent. Lesen Sie weiter und ergänzen Sie die Verben im Präsens.

- Mon cher Monsieur Rochant, notre entreprise **1.** avoir ______________ des difficultés financières. Nous **2.** vivre ______________ une phase difficile. Les **consommateurs** **3.** acheter ______________ moins, les ventes **4. stagner** ______________, et nos **bénéfices** **5. baisser** ______________.

- Oui, je le sais. Nous avons eu une réunion la semaine dernière.
- Comme vous le savez, nos salariés coûtent cher.
- Quelle est votre proposition, Monsieur le Directeur ?
- Nous fermons notre usine au sud de Paris et nous la **délocalisons** en Chine. De cette façon, nous faisons des économies.
- Délocaliser l'usine ? Mais 350 salariés vont être au **chômage** !
- C'est exact. Cela fait beaucoup de monde. Mais

consommateur *m*	Verbraucher, Kunde
stagner	stagnieren
bénéfice *m*	Bilanzgewinn
baisser	sinken, fallen
délocaliser	auslagern, verlagern
chômage *m*	Arbeitslosigkeit

nous n'avons pas le choix. C'est la seule solution. Si nous ne délocalisons pas, c'est toute la société Eurogidix qui va fermer. Et vous **dirigez** cette **opération**. Vous avez six mois. Et si vous **réussissez**, je vous **augmente**. **À vous de jouer** !
– Bien, Monsieur le Directeur. Au revoir. »

diriger	leiten
opération *f*	*hier:* Geschäft
réussir *irr*	gelingen, Erfolg haben
augmenter	erhöhen
À vous de jouer !	Sie sind dran!
courriel *m*	E-Mail
diriger	leiten
se plaindre *irr*	sich beschweren
salaire *m*	Gehalt, Lohn

De retour dans son bureau, Mathieu réfléchit. Une fermeture d'usine et 350 salariés vont être au chômage ! Il pense aux salariés de l'usine. Mais il se souvient des paroles du directeur. Il doit réussir cette opération. Pendant six mois, Mathieu Rochant travaille beaucoup. Il part très tôt le matin. Il rentre tard le soir. À la maison, il lit des dossiers, il envoie des **courriels**. Quand il va se coucher, sa femme, Marianne, dort déjà. Mathieu Rochant travaille aussi les weekends : il va à son bureau ou bien à l'usine. Marianne Rochant voit très peu son mari. Ils ne se parlent presque plus. Cela devient difficile entre eux. Elle ne veut pas **se plaindre**. Son mari a un très bon **salaire**. Elle ne travaille pas. Ils ont une maison dans les quartiers chics de Paris et une maison de vacances en Bretagne. Ils peuvent s'acheter de beaux meubles, de beaux vêtements et s'offrir de jolies vacances. Marianne fait du cheval et du tennis. Avec ses amies, elle va régulièrement au restaurant, au théâtre ou bien dans les musées d'art. Elle aime partir de temps en temps en thalassothérapie ou dans sa maison en Bretagne. Mais Marianne se sent seule. Malgré tout cet argent, elle n'est pas heureuse. Elle voudrait que son mari passe plus de temps avec elle.

Exercice 3 : Combinez. Verbinden Sie die Orte mit der jeweiligen Veranstaltung.

1. ☐ le théâtre	a) le film
2. ☐ le musée	b) le dîner
3. ☐ le restaurant	c) la pièce
4. ☐ l'opéra	d) le ballet
5. ☐ le cinéma	e) l'exposition

Marianne et Mathieu se connaissent depuis le **lycée**, en Bretagne. Ils sont tous les deux nés dans cette **région**. Après le lycée, Mathieu étudie l'économie et le management. Il est très **doué**. Il trouve rapidement un travail à Paris. Quand il **signe** son **contrat de travail**, il **demande** Marianne **en mariage**. Marianne est très heureuse et ils **déménagent** tous les deux à Paris. Au début, Mathieu rentre tôt à la maison. Il a du temps libre et aime le passer avec Marianne. Puis, Mathieu a de plus en plus de responsabilités au travail. Il a de moins en moins de temps, mais il gagne beaucoup d'argent. Il commence à changer. Avant, il était gentil et drôle. Maintenant, il est **fier** et arrogant. Seul l'argent est

lycée *m*	Gymnasium
région *f*	Gegend
doué	begabt
signer	unterschreiben
contrat *m* **de travail**	Arbeitsvertrag
demander en mariage	einen Heiratsantrag machen
déménager	umziehen
fier	stolz

important pour lui. Avec le temps, Mathieu Rochant perd tous ses amis.

Six mois plus tard, l'usine au sud de Paris est fermée. Mathieu Rochant a de nouveau rendez-vous dans le bureau du directeur général. Il est content de son travail. Le directeur va certainement le **féliciter** :

féliciter	gratulieren
conseil *m* **d'administration**	Aufsichtsrat
quitter	verlassen
remplaçant *m*	Vertreter, Nachfolger
cadre *m*	*hier:* leitender Angestellter
marché *m* **du travail**	Arbeitsmarkt

« Bonjour Monsieur Rochant. Asseyez-vous.
– Merci, Monsieur le Directeur.
– Je veux vous féliciter. Les salariés sont licenciés. Sans scandale. L'usine au sud de Paris est fermée. Une nouvelle usine est ouverte en Chine. Les bénéfices vont augmenter.
– Je vous remercie, Monsieur le Directeur. Cette mission était difficile.
– Malheureusement, le **conseil d'administration** n'est pas satisfait.
– Mais pourquoi ?
– Le conseil d'administration souhaite une nouvelle équipe. Ils veulent des personnes jeunes et dynamiques.
– Qu'est-ce que vous voulez dire ?
– Je suis désolé, Monsieur Rochant. Nous n'avons pas le choix. Vous devez **quitter** votre poste. Le conseil d'administration a trouvé un **remplaçant**. C'est un jeune **cadre**. Il connaît très bien les méthodes de management moderne et les nouvelles technologies. Il parle chinois et il est expert du **marché du travail** en Chine.
– Je ne comprends pas... Est-ce que je suis licencié ?

– Oui, mais ne vous inquiétez pas ! Vous quittez ce travail avec une belle **prime** ! »
Mathieu Rochant est sous le choc. Il est licencié ? Lui, le directeur des ressources humaines. Ce n'est pas possible !

Exercice 4 : Synonymes. Suchen Sie für jedes Wort ein Synonym aus dem vorangehenden Absatz.

1. renvoyé ______________________

2. bonus ______________________

3. complimenter ______________________

4. tâche ______________________

Mathieu Rochant sort du bureau du directeur. Il est tout **pâle**. Il a chaud. Il ne peut plus respirer. Il a besoin d'air frais. Il prend l'ascenseur. Il descend et sort de l'immeuble.

prime *f*	Prämie
pâle	blass
cauchemar *m*	Alptraum
s'inquiéter	sich Sorgen machen

Mathieu marche dans la rue. Puis il appelle sa femme :
« Marianne Rochant, bonjour !
– C'est moi, chérie !
– Mathieu ? Mais que se passe-t-il ? Tu n'appelles jamais normalement ! Tu n'es pas au travail ?
– C'est un **cauchemar** ici !
– Tu **m'inquiètes** Mathieu !

– Je suis licencié, Marianne ! Ils m'ont **vire** ! Après plus de quinze ans ! Comme ça !
– Mais comment est-ce possible ?
– Je suis au chômage ! Je travaille dans cette entreprise depuis plus de quinze ans, j'ai toujours d'excellents **résultats**. Et comment ils me remercient ? Ils me licencient !
– Mais c'est impossible ! Tu travailles très dur tous les soirs et tous les weekends. Le directeur général t'**apprécie**. Il doit y avoir une explication. Rentre à la maison et nous en parlons tous les deux. »

virer qn	jdn. feuern
résultat *m*	Ergebnis
apprécier	schätzen
employeur *m*	Arbeitgeber
expérience *f*	Erfahrung
offre *f* **d'emploi**	Stellenanzeige

Monsieur Rochant rentre chez lui. Marianne l'attend dans le salon :
« Bonsoir, mon chéri. Tu sembles fatigué. Assieds-toi et explique-moi.
– Je suis licencié depuis cet après-midi. Ils choisissent un nouveau directeur des ressources humaines : il est plus jeune et il parle chinois.
– Mais qu'est-ce que tu vas faire si tu n'as plus de travail ? Qu'est-ce qu'on va devenir ?
– Je ne sais pas. Il faut que je trouve rapidement un autre travail. Mais cela ne va pas être facile. J'ai quarante-sept ans. Les **employeurs** préfèrent les jeunes.
– Tu n'es pas vieux. Et tu as de l'**expérience**. C'est le plus important, non ?
– Oui, mais aujourd'hui, il faut être moderne et connaître les nouveaux outils de communication. Et puis, je ne sais pas si je veux être encore directeur des ressources humaines.
– Qu'est-ce que tu veux faire à la place ?
– Je dois y réfléchir sérieusement.

Mathieu doit accepter sa nouvelle situation. Il achète les journaux et regarde les **offres d'emploi**. Il envoie sa **candidature**. Parfois, il est invité à des **entretiens**. Mais il entend toujours les mêmes phrases : « Nous recherchons un expert dans les outils de communication moderne », ou « Vous avez trop d'expérience pour ce **poste** », ou bien « Vous ne parlez que l'anglais, il faut connaître une autre langue étrangère ». Il **désespère**. C'est difficile de retrouver du travail à son âge. Les entreprises recherchent des jeunes cadres. Et il n'a pas beaucoup d'amis. Dans son ancien travail, il travaillait beaucoup. Et n'avait pas le temps de sortir. Maintenant il se retrouve seul. Sans amis. Il se sent seul et **inutile**. Il déprime. Il passe des journées entières dans l'appartement devant la télévision. Il reste en pyjama toute la journée. Il ne fait plus de sport. Il ne ressemble plus du tout à l'homme élégant et sérieux d'avant. Bientôt il devra vendre cet appartement. Mathieu a quarante-sept ans, et il a raté sa vie.

candidature *f*	Bewerbung
entretien *m*	*hier:* Vorstellungsgespräch
poste *m*	Stelle
désespérer	verzweifeln
inutile	nutzlos

Exercice 5 : Mettez dans l'ordre. Bringen Sie die Sätze in die richtige Reihenfolge.

☐ **a)** Je regarde les offres d'emploi sur Internet

☐ **b)** Je signe mon contrat de travail.

☐ **c)** J'envoie ma lettre de candidature.

☐ **d)** Je passe un entretien d'embauche.

☐ **e)** Je commence à travailler.

Un après-midi, Mathieu doit faire quelques courses. Son **réfrigérateur** est vide. Il s'habille et sort de chez lui. Il est dans ses pensées. Il traverse la rue. Il ne voit pas la voiture sur la route. Le conducteur **freine brusquement**. Trop tard ! Mathieu Rochant tombe par terre. Par chance, le conducteur ne roulait pas vite. Il sort de la voiture et court vers Mathieu. Mathieu est couché au sol. Il se **relève** doucement. Quel choc !

réfrigérateur *m*	Kühlschrank
freiner	bremsen
brusquement	scharf, unerwartet
se relever	*hier:* aufstehen
secours *m pl*	Rettungsdienst
faible	schwach
s'exclamer	ausrufen

« Monsieur ! Vous allez bien ? Je suis vraiment désolé. Je ne vous ai pas vu ! Monsieur, répondez ! J'appelle les **secours** !

– Non, n'appelez pas les secours. Je vais bien. J'ai traversé sans regarder. Je n'ai pas fait attention.

– Vous êtes sûr ? Vous êtes tout pâle. Vous devez voir un médecin.

– Non, non, tout va bien ! Rassurez-vous !

– Écoutez, vous voyez ce magasin-là, au coin de la rue ? C'est le mien. Venez avec moi. Et reposez-vous quelques minutes dans mon magasin. »

Mathieu est un peu **faible**. Il accepte la proposition et entre dans le magasin avec l'homme. C'est une bijouterie. Il y a des bijoux, des colliers, des bracelets, des montres de collection. L'homme apporte un verre d'eau à Mathieu.

« Tenez, buvez un peu. Je m'appelle Luc. Luc Cérusier.

– Merci, répond Mathieu. Moi, c'est Mathieu Ro...

– Oui, je vous reconnais. Vous êtes Mathieu Rochant ! **s'exclame** Luc.

– Nous nous connaissons ? s'étonne Mathieu.

– Vous ne vous souvenez pas de moi ? Évidemment non ! Pour

vous, je ne suis qu'un numéro dans un **dossier**. Vous êtes directeur des ressources humaines chez Eurogidix. Il y a cinq ans, vous m'avez licencié.
– Oui, je me souviens de vous maintenant. Vous êtes certainement en colère contre moi ?
– Non, je ne le suis pas. Je vous suis même **reconnaissant**.

dossier *m*	Unterlagen
reconnaissant	dankbar
suivre *irr* **une formation**	eine Ausbildung machen
stage *m*	Praktikum
créer	erschaffen
succès *m*	Erfolg
en ligne	*hier:* online
commande *f*	Bestellung
réfléchir	nachdenken

– Reconnaissant ? Je ne comprends pas.
– Au début, j'étais en colère et désespéré. Comment retrouver du travail à quarante-cinq ans ? Ma femme m'a dit : ‹ Ce licenciement est peut-être une chance. Une chance de commencer une nouvelle vie. › Et vous savez quoi ? Elle a eu raison. Depuis toujours, mon rêve, c'est créer mes bijoux. J'ai **suivi une formation**, j'ai fait des **stages**. Je **crée** maintenant mes propres bijoux. Et j'ai du **succès**. J'ai ouvert ma propre boutique à Paris. Je vends aussi mes bijoux **en ligne**. J'ai des **commandes** du monde entier. Aujourd'hui je suis très heureux. C'est un peu grâce à vous !
– Moi aussi, j'ai perdu mon travail il y a trois mois. L'entreprise Eurogidix m'a remplacé par un directeur plus jeune. Travailler plus de quinze ans dans l'entreprise et être licencié ! Comme ça !
– Allez, ne vous inquiétez pas, Monsieur Rochant ! Vous avez de l'expérience. Vous allez retrouver du travail. Mais… **réfléchissez**. Vous pouvez aussi changer de vie. Vous voulez toujours travailler dans les ressources humaines ? Vous n'avez pas de rêve ?

Exercice 6 : L'imparfait. Lesen Sie weiter und finden Sie die Infinitivform zu den im Imparfait stehenden Verben.

– Hé bien...quand **1.** j'étais (*être*) jeune, **2.** je passais (________) mes vacances chez mes grands-parents en Bretagne. **3.** Mon grand-père avait (________) une **pâtisserie** en bord de mer et pendant mes vacances, **4.** j'aidais (________) mon grand-père. **5.** Je rêvais (________) de devenir **pâtissier** moi aussi. Mais mon père a toujours **refusé**.

J'avais quand même commencé une formation, mais ce n'est pas un métier pour faire de l'argent, si vous comprenez.

– Pâtissier, c'est vraiment un beau **métier** ! » s'exclame Luc Cérusier.

Les deux hommes discutent pendant une heure. Luc Cérusier montre sa boutique et ses créations. Puis Mathieu le remercie et sort de la boutique.

pâtisserie *f*	Konditorei
pâtissier *m*	Konditor
refuser	verweigern
métier *m*	Beruf
recette *f*	Rezept
viennoiserie *f*	Feingebäck

Est-ce l'accident ? Est-ce la discussion avec Luc Cérusier ? Mathieu se dit qu'il a eu de la chance. Grâce à cet accident, il a rencontré un homme formidable. Il part faire des courses. Il achète des œufs, du sucre, du beurre, de la farine, du lait et encore d'autres ingrédients. Le soir, dans sa cuisine, Mathieu sort le livre de **recettes** de son grand-père et fait des gâteaux. Il fait des pâtisseries et des **viennoiseries** : croissant, pain au chocolat, tarte au citron à la meringue, éclair au café, **religieuses** au chocolat. Il **invente** même des recettes.

Le lendemain, il retourne à la boutique de Luc Cérusier et lui apporte un panier avec plein de gâteaux :
« C'est pour vous remercier pour hier. Vous m'avez presque écrasé mais **pourtant**, votre rencontre m'a sauvé ! Je repense beaucoup à notre discussion. Vous avez raison. Il faut réaliser ses rêves. La vie est trop courte ! Je ne veux pas rester chez moi à **déprimer**, ou faire un travail que je n'aime plus. Je vais changer de vie.
– Je suis content, vous allez déjà mieux. Humm, ces pâtisseries sont réellement délicieuses. Vous serez un excellent pâtissier ! »

religieuse *f*	*hier:* Windbeutel
inventer	erfinden
pourtant	jedoch, dennoch
déprimer	deprimiert sein
enfance *f*	Kindheit

Le soir, Mathieu parle à sa femme :
« Tu sais, j'adore faire des gâteaux. Pendant mon **enfance**, j'ai travaillé dans la pâtisserie de mon grand-père. Je pourrais continuer ma formation d'autrefois et devenir pâtissier.
– Tu n'es pas sérieux, Mathieu ? Pâtissier ?
– Et pourquoi pas ?
– Ouvrir une pâtisserie, c'est un vrai métier. Ça ne se fait pas juste comme ça !
– Je connais le métier. J'ai travaillé dans la pâtisserie de mon grand-père tous les étés, jusqu'à mes vingt ans.
– Enfin, Mathieu ! C'était il y a vingt-sept ans.
– Je peux suivre une formation et ouvrir une pâtisserie.
– Arrête de rêver, Mathieu ! Si tu es au chômage, ce n'est pas

le moment de **dépenser** de l'argent. Comment est-ce que tu veux ouvrir une pâtisserie ? Tu sais bien que les **loyers** sont très chers à Paris ! Et puis, ouvrir une pâtisserie à Paris, c'est une idée stupide ! Les meilleurs pâtissiers du monde sont dans cette ville ! Il y a déjà beaucoup de concurrence !

Exercice 7 : Écrivez en toutes lettres. Schreiben Sie die Zahlen in Worten aus.

1. 34 ____________________

2. 21 ____________________

3. 80 ____________________

4. 71 ____________________

– Je ne veux plus habiter à Paris. Nous pouvons retourner en Bretagne ! Je vais rouvrir [i] la pâtisserie de mon grand-père. La boutique existe toujours à côté de notre maison.

– En Bretagne ? Mais tous nos amis sont ici ! On ne connaît personne en Bretagne. Et moi ? Tu as pensé à moi ? Je n'**ai** pas **envie** de déménager en Bretagne !

– Marianne, je pense tout le temps à toi. Je travaille depuis quinze ans. Avec mon salaire, tu peux t'acheter tout ce que tu veux. J'ai aussi le droit de penser à moi !

> Das Verb *rouvrir* (*hier:* „wiedereröffnen") setzt sich aus der zu ‚*r-*' verkürzten Vorsilbe ‚*re*' und dem Verb *ouvrir* zusammen. Die Silbe ‚*re*' steht für „wieder" oder „noch einmal".

Mathieu et Marianne se disputent, crient. Le lendemain matin, Marianne fait sa valise et quitte la maison. Elle va passer quelques jours chez sa sœur. Elle a besoin de réfléchir de son côté. Elle est **fâchée**. Elle ne comprend pas comment Mathieu peut vouloir retourner en Bretagne ! Et qu'est-ce qu'elle va raconter à ses amies ? Que son mari est au chômage ? Elle va perdre toutes ses amies, si elles l'**apprennent**.

dépenser	ausgeben
loyer *m*	Miete
fâché	sauer, wütend
apprendre	*hier:* erfahren
hériter de qc	etw. erben
succès *m*	Erfolg
à l'époque	damals
poussière *f*	Staub
nettoyer	putzen
étagère *f*	Regal

Mathieu reste seul. Il suit une formation de plusieurs mois à Paris. Il fait des stages et apprend beaucoup avec des grands chefs pâtissiers. C'est un très bon élève. Il apprend vite. Ses gâteaux sont beaux et bons. Il aime son travail et est toujours de bonne humeur. Il rencontre des personnes intéressantes et se fait de nouveaux amis. Les weekends, il fait des allers-retours entre Paris et la Bretagne. Il retrouve sa maison de vacances. C'est l'ancienne maison de son grand-père. Mathieu a **hérité de** la maison à la mort de son grand-père. À côté de la maison, la pâtisserie est toujours là. Marianne et Mathieu ont essayé de la vendre, mais sans **succès**. À l'intérieur du magasin, tout est comme **à l'époque**. La boutique et l'arrière-boutique sont toujours en bon état. Bien sûr, il y a de la **poussière**. Mathieu nettoie le sol, lave les vitres, et enlève la poussière des **étagères**. Il fait aussi des travaux de rénovation. Il peint les murs, installe de nouvelles lampes. Il achète un nouveau four pour la cuisine. Il décore la boutique. Il installe des tables et des chaises pour faire un salon de thé. Tous les jours, il s'entraîne à faire des gâteaux. Il teste de nouvelles recettes. Dans sa future pâtisserie, Mathieu veut des gâteaux classiques, des spécialités locales comme le **far breton** ou le **kouign-amann**, mais aussi des créations uniques. Tous les soirs, il est fatigué mais heureux. Cependant Marianne lui manque. Il l'appelle de temps en temps. Il lui raconte sa formation, ses nouveaux cours de cuisine, son stage dans un grand restaurant.

Exercice 8 : Cherchez l'intrus. Welches Wort passt nicht in die Reihe?

1. nettoyer | laver | salir | dépoussiérer
2. four | lave-vaisselle | réfrigérateur | lit
3. croissant | pain au chocolat | gaufre | olive
4. vacances | formation | stage | apprentissage

Au bout d'un demi an, la formation de pâtissier est terminée. Mathieu est prêt à ouvrir sa pâtisserie. Il envoie des invitations à tous les habitants du village, mais aussi à ses **anciens** collègues, à sa famille et à ses nouveaux amis. Bien sûr, il a envoyé une carte à Marianne. Il espère qu'elle sera là.

far breton *m*	Pflaumenauflauf
kouign-amann *m*	Bretonischer Butterkuchen
ancien	früher, alt
peser	wiegen

Les jours avant l'ouverture de sa pâtisserie, Mathieu passe tout son temps dans la cuisine. Il **pèse** la farine, ajoute du sucre, casse des œufs. Il prépare des brioches, des

choux à la crème, des tartes aux fruits, des gâteaux au chocolat… Il décore les pâtisseries avec du chocolat, des fleurs en sucre, de la pâte d'amande ou du sucre glace. Puis il installe tous ses gâteaux dans les vitrines de la boutique. Toutes les petites pâtisseries ressemblent à des bijoux. Mathieu pense à Luc, le bijoutier. Les pâtisseries sont brillantes et colorées. Tout a l'air délicieux. Mathieu ne dort pas de la nuit. Il est **impatient** d'ouvrir sa boutique.

Le matin, quand il ouvre sa pâtisserie, beaucoup de gens attendent sur le trottoir. Mathieu reconnaît ses amis et ses anciens collègues. Monsieur Cérusier est là aussi. Il vient féliciter Mathieu. Il y a aussi les habitants du village. Mathieu ouvre la porte et salue tout le monde :

chou *m* **à la crème**	mit Sahne gefüllter Windbeutel
impatient	ungeduldig
baba *m* **au rhum**	Napfkuchen aus Hefeteig und Rum
goûter	probieren
chouquette *f*	Windbeutel
coller	anheften, aufhängen

« Bonjour et bienvenue à la pâtisserie Rochant ! »

Toute la journée, les gens viennent à la pâtisserie :

« Bonjour, je voudrais deux éclairs au chocolat et deux **babas au rhum**, s'il vous plait, demande un client.

– Bonjour Monsieur Rochant, vous vous souvenez de moi ? Je tiens le bar-tabac du village. Je me souviens des pâtisseries de votre grand-père. Je viens **goûter** les vôtres, si elles sont aussi bonnes !

– Re-bonjour ! Je suis déjà venu ce matin. Mais mes enfants ont mangé toutes les **chouquettes**. Je viens vous en acheter d'autres.

– Bonjour ! Je n'ai pas mangé de gâteaux depuis longtemps, et j'ai très envie d'une tarte au citron ! »

Le soir, il ne reste plus aucun gâteau ! Mathieu est très heureux, mais aussi très triste car Marianne n'est pas venue. Après cette journée réussie, il décide de mettre une annonce. Il veut engager un vendeur ou une vendeuse. Il écrit son annonce et la met en ligne. Il la **colle** aussi sur la vitrine de sa pâtisserie :

Exercice 9 : Complétez. Ergänzen Sie die Stellenanzeige mit den passenden Begriffen.

CDI | responsabilités | courriel | missions | cherche

Urgent !

Pâtisserie ________________ vendeur/vendeuse **expérimenté**(e).

Vos ________________ principales sont la vente et la satisfaction du client.

Contrat en ________________, 35 heures.

Vous avez le sens du commerce et des ________________?

Vous êtes souriant(e), accueillant(e) et dynamique ? Rejoignez la pâtisserie Rochant.

Tél. : 02.97.18.20.06 / ________________ :

mathieu@pâtisserie-rochant.fr

Quelques jours après, on sonne à la porte. Il est très tôt. La pâtisserie n'est pas encore ouverte. Mathieu **est en train de** mettre les gâteaux dans les vitrines. **Curieux**, il ouvre la porte et une femme se présente :

« Bonjour, je viens pour l'annonce. Vous cherchez toujours

une vendeuse ? Je n'ai pas beaucoup d'expérience. Mais j'ai eu une formation en **comptabilité** et vente. J'aimerais beaucoup travailler dans votre pâtisserie. »

expérimenté	erfahren
être *irr* **en train de faire qc**	gerade dabei sein etw. zu tun
curieux	neugierig
comptabilité *f*	Buchhaltung
mariage *m*	*hier:* Ehe
rhubarbe *f*	Rhabarber

Mathieu a les larmes aux yeux. La femme devant lui, c'est Marianne !

« Tu es vraiment sûre de vouloir travailler avec moi ? demande-t-il surpris.

– Oui, j'ai bien réfléchi. C'est pour cela que je suis restée si longtemps chez ma sœur. Je veux t'aider à réaliser ton rêve. Je peux entrer ?

– Bien sûr répond, Mathieu. Je te fais visiter. »

Mathieu montre à Marianne la boutique. Marianne le félicite. Tout est bien décoré. Elle trouve que son mari a beaucoup changé. Il est redevenu gentil et drôle. Comme au début de leur **mariage**. Et surtout, il a l'air très heureux.

Mathieu montre ses gâteaux à Marianne :

« Voici tous mes gâteaux. Des gâteaux au chocolat, au caramel, des tartes à la **rhubarbe**, au citron, aux fraises.

– Tout est magnifique ! s'exclame Marianne.

– Tu veux goûter[i] un gâteau ? demande Mathieu.

– La pâtisserie la plus belle, c'est celle-ci : ce petit gâteau rouge en forme de cœur. Qu'est-ce que c'est ?

Das Verb *goûter* schreibt sich nach der neuen französischen Rechtschreibreform ohne Accent Circonflexe. Dieser Akzent hat jedoch auf manchen Wörtern eine bedeutungsunterscheidende Funktion. Das Adjektiv *sur* heißt zum Beispiel „auf". Schreibt man es mit Circonflexe, so bedeutet es „sicher".

– C'est une de mes nouvelles créations, un gâteau aux fruits rouges et au chocolat blanc.
– Il a l'air délicieux. Tu lui as donné un nom à ce gâteau ?
– Oui. Il s'appelle... »

Exercice 10 : Serpent de mots. Welche Silben gehören nicht in die Wortschlange? Fügen Sie sie zusammen und finden Sie heraus, wie der von Mathieu kreierte Kuchen heißt.

CHOUQUETTEMACHOCOLATRITARTEANBABANE

Solution: Le gâteau s'appelle « le _ _ _ _ _ _ _ _ ».

Devant la pâtisserie Rochant, les clients attendent. Ils regardent **à travers** la vitrine et voient le couple qui s'embrasse. Ils sourient. Dans la boutique, Marianne et Mathieu mangent le petit gâteau en forme de cœur. Puis, Mathieu donne un baiser à sa femme, et ouvre la porte de leur pâtisserie.

à travers qc	durch etw. hindurch

Vernissage coloré

Sandrine Famin

Thomas Delaville steht kurz vor der Eröffnung seiner Ausstellung. Jahrelang hat er an den Werken gearbeitet – nun steht der große Abend bevor. Die Vernissage ist gut besucht. Nicht nur Thomas' Freunde, Kollegen und Familie, sondern auch einige wichtige Kunstsammler und sogar die Presse sind vor Ort. Doch als der Vorhang fällt, sind alle schockiert!

Thomas: Ein gut situierter Maler, der mit seiner Frau Rose-Marie und seinen beiden Kindern in Toulouse lebt.

Michel: Galeriebesitzer und enger Freund der Familie, der Thomas auch beruflich unterstützt.

Clémence: Eine Journalistin, die auch bei der Vernissage zu Gast ist.

Bertrand, Léonie, Louise und Nathan: Kunststudenten, die bei Thomas Malerei studieren.

Aujourd'hui, c'est une belle journée à Toulouse. Toulouse est une ville dans le sud de la France. C'est une très belle ville. On l'appelle aussi « ville rose », parce que les **bâtiments** dans le centre-ville ont la couleur rose ou **corail**. C'est le premier jour de l'été. Le soleil brille. Il n'y a pas de nuages. Les arbres sont en fleurs. Des plantes et des fleurs décorent les balcons et les terrasses. C'est très coloré : il y a du bleu, du rouge, du jaune, du vert et du blanc.

bâtiment *m*	Gebäude
corail	korallenrot
exposer	ausstellen
collectionneur *m*	*hier:* Kunstsammler
école *f* **primaire**	Grundschule
collège *m*	Gymnasium
rez-de-chaussée *m*	Erdgeschoss
sous-sol *m*	Untergeschoss
détendre *irr*	entspannen

Thomas Delaville est très heureux ce matin. Il est peintre. Il peint des peintures colorées. Il aime beaucoup les couleurs vives : le jaune citron, le vert pomme et la couleur orange. On peut voir ses peintures dans les musées, dans les théâtres et dans les universités de Toulouse. C'est un peintre connu. Ce soir, il **expose** ses nouvelles peintures dans sa galerie. Il organise un vernissage. Il attend beaucoup d'invités : sa famille, des amis, ses élèves, des journalistes et des **collectionneurs**.

Thomas habite dans une grande maison avec sa famille. Il est marié. Sa femme Rose-Marie est enseignante dans une **école primaire**. Ils ont deux enfants : Simon a quinze ans et Noémie a douze ans. Ils vont tous les deux au **collège**. La famille vit dans une maison à deux étages. Au premier étage, il y a les chambres, les deux salles de bains et un bureau. Au **rez-de-chaussée**, il y a l'entrée, la cuisine, le salon et la salle à manger. Au **sous-sol** se trouve le garage. Il y a aussi un grand jardin. Dans le jardin, il y a une piscine. Thomas aime beaucoup nager. Il nage tous les matins dans sa piscine. Cela le **détend**.

Ce matin, Thomas est stressé. Il pense beaucoup à sa soirée. Elle doit être **réussie** !

En fin de matinée, Thomas va nager dans sa piscine. Il nage pendant quarante-cinq minutes. Il nage la **brasse** et le **crawl**. Puis il rentre. Il va dans la salle de bains. Il prend une douche. Et il s'habille. Il **descend** à la cuisine. Sa femme Rose-Marie prépare le repas :

« Qu'est-ce qu'on mange chérie ? Ça sent très bon !

– Du **magret de canard**, avec une sauce à l'orange. Toi et les enfants **adorez**. Les enfants, mettez la table, c'est bientôt prêt !

– Oui, maman, on arrive ! »

Les enfants mettent la table. Thomas allume la radio. Il aime écouter la musique classique. Elle l'**apaise**. Mais Thomas commence à avoir le **trac**. Le vernissage **approche**. Il doit encore écrire son **discours**. Le repas est maintenant prêt. Ils s'assoient tous à table. Mais Thomas ne peut rien manger. Tout a l'air **appétissant**. Une salade de tomates et des **carottes râpées** en entrée. Puis le magret de canard avec des pommes de terre. Et en dessert, une tarte au citron. Mais Thomas n'a pas faim. Il commence à être **tendu**. Il **préfère** monter à son bureau. Il doit absolument préparer sa présentation pour ce soir. Remercier sa famille.

réussi	erfolgreich
brasse *f*	Brustschwimmen
crawl *m*	Kraulschwimmen
descendre	herunterkommen
magret *m* **de canard**	Entenbrust
adorer	lieben
apaiser	beruhigen
trac *m*	Lampenfieber
approcher	herankommen
discours *m*	Rede
appétissant	appetitlich
pourtant	dennoch
carottes *f pl* **râpées**	geraspelte Möhren
tendu	gespannt
préférer	bevorzugen

Parler de ses expositions. Présenter son atelier et ses élèves. Et surtout parler de ses œuvres. Ce soir, il présente ces seize nouvelles peintures. Il termine d'écrire. Il relit son texte. Il n'est pas **satisfait**. Il change des phrases. Il réécrit son texte. C'est mieux ! Sa femme entre dans son bureau. Il est l'heure de se préparer. Le vernissage va bientôt commencer.

satisfait	zufrieden
rayures *f pl*	Streifen
escarpin *m*	Pumps
au bout de	am Ende von
quartier *m*	Stadtviertel
circulation *f*	Verkehr
longer	an etw. entlangfahren
quai *m*	Kai

Exercice 1 : Les adjectifs de couleur. Unterstreichen Sie das richtige Farbadjektiv.

Thomas met son costume **1.** bleu marin / bleu marine avec une cravate à **rayures** **2.** rouges / rouge. Sa femme met une belle robe **3.** noir / noire avec des **escarpins** **4.** oranges / orange et prend un sac à main **5.** vert / verte. Ils sont tous les deux très élégants.

Ils prennent la voiture, et sortent du garage. Thomas conduit. Il tourne à droite, puis prend la 2ème rue à gauche. Ensuite, **au bout de** la rue, il tourne encore à droite, et ils arrivent dans le **quartier** de la Daurade. À cette heure-ci, il n'y a pas de **circulation**. Ils **longent** les **quais** et la Garonne. La Garonne est un

fleuve long de 647 kilomètres. Elle **prend sa source** en Espagne et **se jette** dans l'océan Atlantique. Thomas regarde vers les quais. Des peintres inconnus **dressent** leurs **chevalets**. Ils exposent leurs œuvres sur les quais pour les touristes. Thomas se souvient. C'est comme ça que tout a commencé.

Il a toujours aimé la peinture. Il est **doué** pour la peinture depuis tout petit. Dès le collège, il a d'excellentes notes en **arts plastiques**. Au lycée il **obtient** son **baccalauréat** option arts plastiques, avec une très bonne note. Pourtant, ses parents ne l'ont pas **félicité**. Pour eux, un bac « artistique » n'est pas un vrai diplôme. Et être artiste n'est pas un vrai métier. Ils voulaient que Thomas devienne **expert-comptable**, comme son père. Mais Thomas n'aime pas les chiffres. Thomas aime créer. Après son bac, il monte à Paris et s'inscrit aux Beaux-Arts. Ce n'est pas facile d'entrer dans l'École supérieure des Beaux-Arts. Mais Thomas **réussit** et il devient étudiant à l'École. Il y fait ses études pendant cinq ans. Puis, il revient à Toulouse. Et, comme ces peintres sur les bords de la Garonne, il expose ses premières peintures. Jusqu'à ce que Michel Tronchy le remarque. Michel Tronchy a une galerie d'art à Toulouse. Il est très connu dans le milieu artistique. Il voit tout de suite que Thomas Delaville a un **don**. Il lui propose **aussitôt** d'exposer dans sa galerie.

fleuve *m*	Fluss
prendre sa source	entspringen
se jeter	*hier:* münden
dresser	aufstellen
chevalet *m*	Staffelei
doué	begabt
arts *m pl* **plastiques**	bildende Kunst
obtenir	erlangen
baccalauréat *m*	Abitur
féliciter	gratulieren
expert-comptable *m*	Wirtschaftsprüfer(in)
réussir *irr*	es schaffen
don *m*	Talent, Gabe
aussitôt	sofort

Grâce à Michel, Thomas rencontre des artistes et des agents très **influents** dans le milieu artistique et culturel. Michel achète un studio. Il le transforme en atelier de peinture pour Thomas. Et Thomas donne des cours de peinture à de jeunes étudiants dans cet atelier. Depuis, Michel est un ami très proche de la famille Delaville. Thomas n'a aucun secret pour Michel. Aucun... sauf un. Depuis son accident de voiture l'année dernière. Thomas cache un **lourd** secret. Personne ne le sait. Et personne ne doit le savoir.

influent	einflussreich
lourd	*hier:* schwerwiegend
garer	parken
toile *f*	*hier:* Gemälde
rideau *m*	Vorhang
surprendre	überraschen
courant *m* **artistique**	Stilrichtung

Thomas et sa femme arrivent maintenant à la galerie de Michel. Thomas **gare** la voiture sur le parking. Puis, avec sa femme Rose-Marie, il entre dans la galerie. Les invités sont tous là. Ils sont venus pour le féliciter. Et pour découvrir ses nouvelles **toiles**. Personne n'a encore vu ses nouvelles peintures. Elles sont cachées derrière un grand **rideau**, dans la galerie d'art. Thomas veut **surprendre** ses invités. Ses peintures sont très colorées. Il s'inspire beaucoup du fauvisme[i] et des artistes de ce **courant artistique**, comme Matisse ou Derain. Thomas aime combiner toutes les couleurs. Thomas salue quelques amis, puis il monte sur le podium.

Der Fauvismus wird in der Kunstgeschichte einer Stilrichtung der Malerei zugeordnet. Sie entstand aus einer Bewegung innerhalb der französischen Avantgarde zu Anfang des 20. Jahrhunderts. Typisch für Bilder dieser Stilrichtung sind die leuchtenden Farben.

Exercice 2 : Complétez. Lesen Sie weiter und setzen Sie den passenden Possessivbegleiter in die Lücken ein.

Les invités écoutent Thomas :

« **1.** _Mes_ chers amis, je vous remercie d'être ici ce soir. Je remercie chaleureusement **2.**________ famille, et tout particulièrement **3.**________ femme Rose-Marie, et toi Michel, **4.**________ ami et **5.**________ **guide**. Ce soir, je veux vous présenter **6.**________ seize nouvelles peintures.

Comme toujours, les couleurs et la **luminosité** m'**inspirent**. Cette année encore, mes œuvres sont colorées, mais cette fois-ci les couleurs sont encore plus **vives**, plus pures, voire plus violentes. Je vous invite à les découvrir maintenant. Mes toiles sont ici, derrière ces rideaux. Michel, veux-tu bien ouvrir les rideaux ? »

guide *m*	Führer
luminosité *f*	Helligkeit, Glanz
inspirer	inspirieren
vif	*hier:* grell
bouton *m*	Knopf
rester sans voix	sprachlos sein
horrifié	geschockt
recouvert	bedeckt

Michel appuie sur un **bouton**. Et les rideaux s'ouvrent. Les invités découvrent les tableaux.

« Oh, non ! Mais qu'est-ce que c'est ? » disent quelques invités, pendant que d'autres **restent sans voix**. Thomas est **horrifié**. Quatre tableaux sont **recouverts** de graffitis. Des

gribouillages couvrent ses peintures. Mais qui a pu faire ça ? Qui a **dégradé** quatre de ses tableaux ? Thomas est complètement choqué. Il ne peut pas parler. Quatre tableaux sont **tagués**. Des années de travail pour rien ! Aucun invité n'ose prononcer un mot. Michel **rompt le silence** :
« Chers amis, nous sommes tous surpris et **désorientés**. Quelqu'un ici veut faire du mal à Thomas. Nous allons tout faire pour trouver le ou la coupable. En attendant, nous allons fermer la galerie pour quelques jours. Je vous remercie pour votre **compréhension**. »

gribouillage *m*	Schmiererei
dégrader	beschädigen
tagué	besprüht
rompre *irr* **le silence**	die Stille durchbrechen
désorienté	verwirrt
compréhension *f*	Verständnis
mensuel	monatlich
consoler	trösten
sincèrement	ehrlich, aufrichtig
être *irr* **désolé**	bedauern

Les invités partent un à un. Thomas s'assoit sur une chaise, il est sous le choc. Sa femme, Rose-Marie, est à côté de lui. Thomas ne comprend pas. Comment est-ce possible ? Pourquoi quelqu'un a tagué des tableaux ? Et personne n'a rien remarqué ? Cela doit être un invité qui se trouve au vernissage. Mais qui ? Thomas est désesperé. Michel va vers lui et pose une main sur son épaule :
« Thomas, je te présente Clémence. Elle est journaliste à la revue **mensuelle** ‹ Arts et Cultures de la Ville Rose ›. Elle va nous aider à trouver le ou la coupable, dit Michel, pour **consoler** Thomas.
– Bonsoir Thomas. Je suis **sincèrement désolée** de ce qui vous arrive. Je peux peut-être vous aider. Savez-vous qui veut vous faire du mal, Thomas ? demande Clémence.

Exercice 3 : Les adjectifs de périodicité. Ergänzen Sie die Sätze mit dem richtigen Adjektiv.

annuel | quotidiennes | mensuelle | bimensuelle | hebdomadaire

1. La revue **paraît** une fois par mois. C'est une revue ________________.
2. Les lecteurs payent un abonnement chaque année. C'est un abonnement ________________.
3. Clémence participe à une réunion chaque semaine. C'est une réunion ________________.
4. Deux fois par mois, Clémence rencontre son directeur. C'est une rencontre ________________.
5. Elle fait des interviews tous les jours. Ce sont des interviews ________________.

– Mais pourquoi ? Quatre tableaux ! Bien sûr, il y a toujours des artistes **jaloux**. Mais des artistes n'**abîment** pas des œuvres d'art !

paraître *irr*	erscheinen
jaloux	neidisch
abîmer	beschädigen

– Est-ce que vous pouvez me donner la liste des invités ? demande Clémence et se tourne vers Michel.
– Oui, bien sûr, je vous la donne tout de suite. Vous aussi, vous

pensez que le ou la coupable était là ce soir ?
– Oui, c'est certain. Cet après-midi, Michel, vous avez installé les tableaux et fermé les rideaux, c'est bien cela ? demande Clémence.

auteur *m*	*hier:* Täter
méfait *m*	Untat
agir	handeln
ne plus avoir *irr* **gout à rien**	zu nichts mehr Lust haben

– Oui, et ensuite les invités sont arrivés.
– L'**auteur** de ce **méfait** a donc **agi** juste après. Je vais regarder la liste des invités. Je peux venir chez vous, Thomas. Demain ?
Rose-Marie répond à la place de son mari :
– Oui, demain après-midi, passez donc chez nous. Vous aussi, Michel. Thomas a besoin de vous.
– Alors, à demain, répondent Clémence et Michel. »
Le lendemain, matin, Rose-Marie fait une tarte aux fraises. Elle prépare aussi du café avant l'arrivée de Clémence et Michel. Et pour les enfants, un diabolo[i] grenadine pour Noémie et un diabolo menthe pour Simon. Thomas **n'a plus gout à rien**. Il ne va même pas nager dans sa piscine. Il est terriblement triste. Dans l'après-midi Clémence et Michel sonnent à la porte.

Ein "Diabolo" ist ein alkoholfreies Erfrischungsgetränk aus Limonade und Sirup – meistens grün mit Pfefferminz- oder rot mit Grenadinesirup.

Exercice 4 : Phrases à l'impératif. Lesen Sie weiter und bilden Sie Sätze im Imperativ nach dem folgenden Muster.

Exemple : vous / fermer la porte : Fermez la porte !

Rose-Marie ouvre la porte :

« **1.** Vous / entrer ______________________, je vous en prie, dit Rose-Marie à Clémence et Michel.

– Bonjour Rose-Marie, saluent Clémence et Michel.

– Bonjour Clémence. **2.** Vous / aller ______________________ dans le salon, Clémence. Toi aussi Michel, **3.** tu / aller ______________________ au salon, je **préviens** Thomas de votre arrivée. Thomas, **4.** tu / descendre ______________________, tes amis sont arrivés ! »

Thomas descend. Rose-Marie sert le gâteau et du café.
« Et toi, mon chéri, tu veux une part de gâteau ? demande Rose-Marie à son mari.
– Oui, je veux bien. Et là, ce sont les verres des enfants ? Ils ne boivent pas leur diabolo ? demande Thomas.
– Non, ils n'ont pas soif. Tu peux boire le diabolo menthe de Simon, si tu veux, répond Rose-Marie. C'est celui que tu préfères.
Thomas regarde les deux verres de diabolo. Il **hésite**. Il tend le bras et prend le verre de diabolo grenadine. Ensuite, ensemble, ils regardent la liste des invités : il y a la famille de Thomas, des amis, des journalistes, des collectionneurs et quelques élèves de l'atelier de Thomas :

prévenir	ankündigen, in Kenntnis setzen
hésiter	zögern

« Mais, non, ce n'est pas possible, s'écrie Thomas, ce sont tous des amis. Aucun de ces invités ne peut être coupable. Je ne peux pas me l'imaginer. Tous aiment l'art. Personne ne peut **commettre** un acte aussi **méchant** ! En tout cas, pas un artiste ! »

commettre *irr*	ausüben
méchant	gemein

Exercice 5 : La négation. Verneinen Sie die Sätze und schreiben Sie sie nach dem folgenden Muster um.

Exemple : Tout le monde aime l'art. Personne n'aime l'art.

1. Tout le monde connaît le secret de Thomas.

____

2. Clémence et Michel sont déjà arrivés.

____

3. Les journalistes sont toujours invités au vernissage.

____

4. Clémence sait tout.

____

Malgré tout, Clémence **doute**. Elle est **persuadée** que le ou la coupable est sur cette liste.
« Thomas, si vous êtes d'accord, je vais rencontrer les invités un à un. Vous pouvez me donner leur adresse ? demande-t-elle.
– Qui voulez-vous rencontrer ? s'inquiète Thomas.
– Tous les invités, répond Clémence.
– Tous ? Je ne veux pas que vous questionnez mes élèves. Je le ferai moi-même.
– Restez plutôt chez vous, Thomas, et reposez-vous, répond Clémence.
– Moi, je vous accompagne Clémence, si vous le voulez, propose Michel.
– Tenez, prenez mon carnet, dit Thomas et il donne son carnet à Clémence. Vous trouverez toutes les adresses et les numéros de téléphone des invités. Mais laissez-moi voir moi-même mes élèves ! »
Clémence et Michel terminent leur part de tarte aux fraises et boivent leur café, puis ils quittent Thomas et Rose-Marie.

douter	zweifeln
persuadé	überzeugt
volant *m*	Lenkrad, Steuer

Michel ramène Clémence chez elle en voiture :
« C'est tout de même bizarre, vous ne trouvez pas Michel ? demande Clémence.
– Quoi donc ? répond Michel au **volant** de sa voiture.
– Thomas ne veut pas que je rencontre personnellement ses élèves. Comme s'il avait peur de quelque chose...
– Mais non, il connaît très bien ses élèves, et il préfère simplement les questionner lui-même.
– Peut-être, oui. C'est juste une intuition. Bien, regardons cette liste. Je contacte ce soir les collectionneurs et les journalistes.

Pour les voir dès demain. Vous passez me prendre demain matin ? Disons, vers 9 heures ?
– Oui, c'est parfait, à demain alors.

désirer	wünschen
commander	bestellen

Le lendemain matin, Clémence et Michel retrouvent les journalistes à la ‹ Brasserie du quai ›. Clémence leur a donné rendez-vous directement à la brasserie. Le serveur s'approche :
« Bonjour, vous **désirez** ?
– Un café au lait, dit Clémence.
– Pour moi, un café serré, sans sucre, **commande** Michel.
– Pour nous aussi, deux cafés et deux verres d'eau, s'il vous plait, commandent les deux journalistes.
Le serveur prend leur commande et va derrière le bar. Il prépare les cafés.
– Alors, qu'est-ce que vous voulez savoir ? demande le premier journaliste.
– Est-ce que vous avez vu quelque chose, ce soir-là au vernissage ? demande Clémence.

Exercice 6 : Les prépositions. Lesen Sie weiter und ergänzen Sie die Sätze mit der passenden lokalen Präposition.

derrière | à côté de | sur | devant

– Non, on n'a rien vu. Personne ne s'est approché des rideaux.

Mais on était **1.** ______________ , pour voir Thomas

2. ______________ le podium, et pour prendre des photos de lui.

On ne pouvait pas voir ce qui se passait **3.** ______ nous, ni derrière les invités. Et **4.** ______ nous, il y avait sa femme, Rose-Marie.

– Mais, comme **par hasard**, vous prenez des photos des tableaux tagués, et votre article fait la une du journal.
– Que voulez-vous dire ? demande le deuxième journaliste, **agacé**.
– Nous sommes dans une époque de sensationnalisme. Regardez le titre de votre article ‹ Le peintre **gribouillé** à son vernissage ›, dit Clémence et sort le magazine de son sac à main.
– Notre rôle est d'informer le **lecteur**, répond le premier journaliste.
– Certes, dit Clémence, mais là vous ne pensez pas aux conséquences. Vous ne pensez qu'au **coup médiatique**. Est-ce que vous pensez à la **réputation** du peintre !
Michel essaie de calmer Clémence. Ces deux journalistes ne sont pas coupables des tags sur les peintures. Ils étaient **certes** devant, mais les autres invités les auraient vus, s'ils avaient tagué les peintures. Michel paie les cafés, et quitte avec Clémence la brasserie.
« Nous devons interroger tous les invités. Ils sont plus d'une

par hasard	durch Zufall
agacé	erbost
gribouiller	bekritzeln, beschmieren
lecteur *m*	Leser
coup *m* **médiatique**	Medieneffekt
réputation *f*	Ruf
certes	zwar

centaine. Je propose de nous **partager** le travail. Je vais voir les collectionneurs, et vous Clémence, vous pouvez rencontrer les amis de Thomas. Qu'est-ce que vous en pensez ?
– Oui, très bien. Nous pouvons nous revoir ce soir pour **faire le point**.
– Alors, à ce soir Clémence. »

partager	teilen
faire *irr* **le point**	die Lage auswerten
inhabituel	ungewöhnlich

Plusieurs heures plus tard, Michel et Clémence se retrouvent. « Avez-vous découvert quelque chose Clémence ? demande Michel.

Exercice 7 : Le passé composé. Lesen Sie weiter und konjugieren Sie die Verben im Passé composé.

– Non, pas grand-chose, répond Clémence. J' **1.** parler ______________ avec les amis de Thomas. Ils **2.** me raconter ______________ qu'ils **3.** arriver ______________ au vernissage avant lui, mais ils n'ont rien vu d'**inhabituel**. Ils **4.** être ______________ tous surpris et ne comprennent pas non plus ce qui **5.** se passer ______________. Et vous, Michel, **6.** avoir ______________-vous **7.** trouver ______________ quelque chose ?

– Rien de mon côté non plus. Les collectionneurs aiment l'art et **soutiennent** les artistes. Ils n'ont aucun intérêt à abîmer des œuvres.
– Et si on **reprenait** tout depuis le début ?
– Comment ça ?
– Nous **faisons fausse route**. Michel, pouvez-vous m'emmener à l'atelier ? Je trouverai peut-être un **indice** là-bas.
– À cette heure-ci ? Je vais demander à Thomas, répond Michel.
– Ce n'est pas nécessaire, je veux juste **jeter un coup d'œil**. Vous avez bien les clés de l'atelier ?
– Oui, mais vous me promettez de ne toucher à rien...
– C'est promis, Michel ! s'exclame Clémence.
– Bien, je vous emmène, mais je ne sais pas si c'est une bonne idée. »

soutenir *irr*	unterstützen
reprendre *irr*	*hier:* von vorne anfangen
faire *irr* **fausse route**	*hier:* auf dem falschen Dampfer sein
indice *m*	*hier:* Anhaltspunkt, Hinweis
jeter un coup d'œil	einen Blick werfen

À l'atelier de Thomas, il y a des chevalets partout, des petits, des grands, des pinceaux, des chiffons, des palettes de peinture et des tableaux sur tous les murs. Clémence reconnaît les œuvres de Thomas, des peintures très colorées. Puis elle tourne son regard vers des tableaux posés sur les chevalets. Elle va vers les tableaux.
« Qui a peint ces tableaux ? demande-t-elle à Michel.
– Ce tableau est de Louise, celui-ci de Bertrand, ce tableau-là de Nathan et ce tableau là-bas est de Léonie.
– Ces tableaux se ressemblent, vous ne trouvez pas, Michel ? Ce sont les mêmes couleurs et le même jeu de lumière et d'ombre.

– Cela arrive, les élèves apprennent toutes les techniques de peinture en **copiant** les œuvres de leur prof, avant de trouver leur propre style.
– Tout de même, ces tableaux de ces quatre élèves sont très **semblables** à ceux de Thomas », remarque Clémence.

copier	nachmachen, kopieren
semblable	ähnlich
vérifier	nachprüfen
taguer	sprayen, taggen
d'ici là	bis dahin

Soudain, Clémence a une idée. Elle regarde les tableaux des quatre élèves. Puis se tourne vers Michel :
« Emmenez-moi tout de suite à la galerie d'art !
– Mais que se passe-t-il Clémence ?
– Je vais tout vous expliquer là-bas. Mais avant je dois **vérifier** quelque chose.
– Bien, allons-y. »

Dans la galerie d'art de Michel, les tableaux de Thomas sont encore exposés aux murs. Clémence va vers les tableaux tagués. Elle les observe de près. Puis elle va vers les autres tableaux. Soudain, elle s'écrie :

> Im gesprochenen Französisch werden sehr häufig Abkürzungen gebildet. Ähnlich wie *prof* für *professeur*, gibt es die Kurzformen *télé* für *télévision*, *resto* für *restaurant* oder *math* für *mathématique*.

« Je le savais !
– Que savez-vous Clémence ?
– Je sais qui a **tagué** les tableaux de Thomas ! Et je pense savoir pourquoi. Pouvez-vous demander à Thomas de venir dans votre galerie ?
– Euh, oui, mais pourquoi ?
– Demandez également aux élèves de Thomas de nous retrouver ici. Disons, dans deux jours. **D'ici là**, je dois faire quelques courses, dit Clémence avant de partir.

– Parfois, je la trouve bizarre cette Clémence, pense Michel, mais elle m'est très sympathique. »

Le surlendemain, Thomas et ses quatre élèves sont à la galerie de Michel. Avec Michel, ils attendent Clémence. Quand Clémence arrive, tous les élèves la regardent et rient. Michel aussi est amusé. Thomas demande à tous de se calmer.
« Mais, enfin, calmez-vous. Ce n'est pas **poli** d'**accueillir** ainsi une amie.
– Savez-vous, Thomas, pourquoi tous vos élèves ont ri quand je suis arrivée? interroge Clémence.
– Hé bien non, il n'y a rien de drôle.
Michel est surpris de la réponse de Thomas, mais il ne dit rien. Clémence continue :
– Vous ne voyez vraiment pas pourquoi, Thomas ?
– Mais enfin Clémence, à quoi jouez-vous ? demande Thomas.
– Thomas, je peux vous **prouver** que les tableaux tagués ne sont pas de vous. Et je sais qui est le coupable. Plutôt les coupables !
– Comment ? Mais que voulez-vous dire ? s'exclame Thomas.
Clémence se tourne alors vers les quatre élèves, restés **muets**.
– Pourquoi avez-vous fait ça ? demande Clémence aux quatre élèves.
Les élèves, surpris, ne répondent pas.
– Je sais que c'est vous, continue Clémence. Regardez ces quatre tableaux tagués. Et regardez ces autres tableaux. Observez les couleurs. Comparez l'intensité des couleurs. Dans ces tableaux de Thomas, les couleurs sont très vives, parce que

accueillir	empfangen
poli	höflich
prouver	beweisen
muet	stumm
bleu *m* **outremer**	Ultramarinblau

Thomas utilise des pigments très rares, comme le **bleu outremer**, le **quercitron** ou le **rouge cochenille**. Vous ne pouvez pas reproduire le même effet, avec vos produits plus classiques. Vous mettez du **vernis** sur vos tableaux pour **raviver** vos couleurs. Malgré tout, j'ai reconnu vos tableaux. Et ce sont vos tableaux qui ont été tagués. Mais pourquoi avez-vous fait ça ? Sur vos propres œuvres ?

quercitron *m*	Färber-Eiche
rouge cochenille *m*	Karminrot
vernis *m*	Lack
raviver	lebendiger erscheinen lassen
refuser	sich weigern
suspendu	ausgesetzt
différencier	unterscheiden

Léonie prend la parole :

– Thomas n'a pas tenu sa promesse de nous présenter au vernissage, et de parler de nos œuvres. Il a fait comme s'il s'agissait de ses propres peintures. Alors que ce sont nos peintures ! Il nous a volés ! On **refuse** cela ! Alors on a décidé, nous quatre, de gribouiller nos peintures.

– Malgré tout, on ne dégrade pas une œuvre ! répond Michel.

– Mais ce sont nos œuvres ! crie Louise.

– Ce n'est pas une raison ! Nous allons prévenir la police, et tous vos cours sont **suspendus** jusqu'à nouvel ordre, dit Michel.

Les quatre élèves quittent l'atelier.

– Mais pourquoi as-tu fait ça Thomas ? s'exclame Michel.

Mais Thomas baisse la tête et reste silencieux. Clémence répond :

– Thomas ne **différencie** plus les couleurs, voilà la raison !

– Pardon ?! Mais vous dites n'importe quoi ! Les couleurs, c'est sa vie !

– C'est pourtant la raison Michel, explique Clémence.

Exercice 8 : Le futur proche. Bilden Sie Sätze im Futur proche nach dem folgenden Muster.

Exemple : Je préviens la police. Je vais prévenir la police.

1. Les étudiants gribouillent leurs peintures.

____.

2. Clémence interroge Thomas.

____.

3. Nous regardons les autres tableaux.

____.

4. Tu te calmes.

____.

Puis Clémence se tourne vers Thomas :
– Thomas, remarquez-vous quelque chose de particulier sur moi ?
– Comment cela ? Je ne comprends pas.
– Évidemment ! Vous ne différenciez pas le rouge et le vert. Vous ne remarquez pas que je porte une chaussure rouge à mon pied gauche et une chaussure verte à mon pied droit ?
Thomas ne répond pas.
– Non, vous ne le remarquez pas. Vous **souffrez** de **daltonisme**. Je l'ai compris quand nous sommes venus chez vous. Vous n'avez pas reconnu les diabolos de vos enfants, et vous

avez choisi le diabolo grenadine de Noémie au lieu du diabolo menthe de Simon. Depuis quand souffrez-vous de ce **trouble**, Thomas ?

souffrir *irr* **de**	an etw. leiden
daltonisme *m*	Farbblindheit
trouble *m*	Störung
nerf *m* **optique**	Sehnerv
touché	betroffen
sous le feu des projecteurs	im Rampenlicht

Thomas regarde Michel :

– Elle a raison Michel. Je ne différencie plus certaines couleurs.

– Mais, c'est impossible ! répond Michel.

– Tu te souviens de mon accident de voiture, l'année dernière ?

– Oui, tu as eu une blessure à la tête ! Mais les médecins ne m'ont rien dit…

–… parce que je leur ai demandé de ne rien te dire. Ni à toi, ni à Rose-Marie. Mon **nerf optique** a été **touché**. Les médecins ont sauvé mes yeux. Mais ils n'ont rien pu faire pour le nerf. Et depuis, je ne peux plus différencier certaines couleurs. Je cache ce secret depuis tellement longtemps. N'en veux pas aux élèves, Michel. Ce sont, tous les quatre, d'excellents artistes. Mais je voulais être **sous le feu des projecteurs,** avoir une dernière fois mon moment de gloire. »

Monsieur Joseph a disparu

Pénélope Martin

Wo ist Monsieur Joseph? Der nette ältere Herr, eigentlich Joseph Moreau, ist wie vom Erdboden verschluckt. Seine Nachbarn finden das besorgniserregend und benachrichtigen Josephs Familie. Als Josephs Tochter Pascale in der Wohnung ihres Vaters ein altes Fotoalbum durchblättert, macht sie eine seltsame Entdeckung und es beschleicht sie ein unglaublicher Verdacht ...

Joseph Moreau: Ein älterer Herr, der vor Kurzem seine Frau Marguerite verloren hat.

Florence Bolon: Eine Nachbarin, deren Josephs Verschwinden als erste auffällt.

Pascale: Josephs Tochter

« Monsieur Joseph ! »
C'est Florence Bolon. Joseph Moreau et elle sont **voisins** depuis longtemps. Florence Bolon est **curieuse**.
« Ça va ? »
Dans la petite ville de **banlieue**, on appelle Joseph Moreau ‹ Monsieur Joseph ›. Aujourd'hui, c'est dimanche et monsieur Joseph ne veut pas parler. Il dit bonjour à sa voisine de la main. Maintenant, une voiture arrive devant sa maison.

voisin *m*	Nachbar
curieux	neugierig
banlieue *f*	Vorstadt
siècle *m*	Jahrhundert
fille *f*	Tochter
mari *m*	(Ehe)Mann
embrasser	*hier:* küssen
raconter	erzählen
il y a du monde	es sind viele Leute da
Pâques *f*	Ostern
fermer	abschließen

« Tut ! Tut Tut ! »
C'est Pascale, sa **fille**, et son **mari**, Hervé. Ils sont avec leurs deux filles : Chloé a treize ans et Inès a dix ans.
« Papy ! »
Les deux jeunes filles **embrassent** leur grand-père. Maintenant, Pascale et Hervé arrivent.
« Ça va, papa ?
– Bonjour Joseph ! Comment allez-vous ?
– Bien, merci ! Vous me **racontez** votre voyage ?
– Il **y a du monde** : c'est le week-end de **Pâques**. »
Chloé et Inès vont dans la maison de leur grand-père. Pascale regarde le jardin. Hervé **ferme** la voiture. Joseph ne parle pas : il est triste.
« Papa, tu... ? »
Maintenant, une deuxième voiture arrive : c'est Philippe, le fils de Joseph, avec sa femme Nathalie.
« Bonjour papa ! »

Toute la famille est là mais monsieur Joseph est encore triste. Ses enfants sont **inquiets**. Ils parlent après le déjeuner.

Exercice 1 : La famille. Fügen Sie den jeweils passenden Begriff in die Sätze ein!

femme | fille | grand-père | enfants | mari

1. Pascale est la fille de Joseph.

2. Pascale est la ______________________ d'Hervé.

3. Pascale et Hervé ont deux ______________________.

4. Philippe est le ______________________ de Nathalie.

5. Joseph est le ______________________ de Chloé et d'Inès.

« Papa ne va pas bien, dit Pascale.
– Je trouve qu'il va bien, répond Philippe. Il regarde des photos avec les filles. »
Joseph Moreau parle avec Chloé et Inès. Les deux filles **adorent** leur grand-père. Elles aiment l'**écouter** (i).
« C'est toi sur la photo, papy ? lui demande Inès.
– Oui, c'est moi.
– Tu es beau. Et là, c'est qui ?
– C'est Guy. Et là, ce sont Odette et Georges.
– Tes amis ?
– Oui, ce sont mes amis. Nous **nous connaissons** depuis notre enfance.
– Et là, c'est qui ? »

(i) Im Französischen kann man wie im Deutschen zwischen „hören" (*entendre*) und „zuhören" (*écouter*) unterscheiden.

Chloé dit à Inès :
« Tu ne la reconnais pas ? C'est mamie ! »
Inès ne répond pas. Chloé et elle regardent leur grand-père : il a l'air triste.
« Papy, ça va ? »
Joseph Moreau regarde les **vieilles** photos. Ce sont des photos des années 1950. Joseph Moreau était encore un enfant. Il est né en 1943. Aujourd'hui, il a soixante-quinze ans.
« C'est ton école, papy ? » lui demande Inès.
Chloé est une jeune fille très **sérieuse** : elle aime beaucoup lire. Inès, elle, est très drôle : souvent, elle dit des **bêtises**. Elle aime beaucoup jouer au football. Avec elle, son grand-père rigole souvent. Et elle sait comment **lui changer les idées**.

inquiet	besorgt
adorer	*hier:* lieben, verehren
écouter	zuhören
se connaître *irr*	sich kennen
bête	dumm
vieux/vieille	alt
sérieux	ernsthaft, langweilig
bêtise *f*	Dummheit
changer les idées à qn	jdn. auf andere Gedanken bringen

Exercice 2 : Vrai ou faux ? Welche Aussagen sind korrekt? Markieren Sie mit richtig ✓ oder falsch — !

1. Chloé et Inès n'écoutent jamais leur grand-père. ❐
2. Ce n'est pas Joseph Moreau sur la photo. ❐
3. Joseph Moreau et ses amis se connaissent depuis l'enfance. ❐
4. Le grand-père est né en 1943. ❐
5. Chloé est une fille rigolo. ❐

« Oui, c'est mon école : c'est en 1949. Notre petite ville est encore un village. J'arrive à l'école primaire. C'est là que je rencontre Marguerite, votre grand-mère, Odette, Georges et Guy. Nous sommes tous des amis depuis cette époque. »
Pascale et Philippe regardent leur père : quand il parle avec ses petites-filles, Joseph Moreau est heureux. Les deux filles aiment toujours l'écouter.
Nous sommes le lundi de Pâques[i]. C'est la fin de l'après-midi. Les enfants de Joseph Moreau **rentrent** chez eux. Le grand-père est devant sa maison et il dit au revoir. Philippe, Nathalie, Hervé, Chloé et Inès sont déjà dans les voitures. Pascale est encore avec Joseph Moreau. Elle lui demande :

rentrer	*hier:* nach Hause zurückfahren
sûr	sicher
se comporter	sich verhalten
veuf/veuve	verwitwet
ajouter	hinzufügen
manquer	fehlen

« Tout va bien, papa ?
– Oui, oui.
– Tu es **sûr** ?
– Oui, je vais bien. Enfin… parfois. »

Pascale est surprise : elle ne comprend pas. Dans la voiture, elle dit à son mari :
« Tu ne trouves pas que papa **se comporte** bizarrement ?
– Bizarrement ? Pourquoi bizarrement ?
– Je ne sais pas…
– Il est triste, Pascale, et c'est normal. Il est **veuf**.
– C'est vrai, maman, **ajoute** Inès, mamie lui **manque**. »

i Frankreich ist zwar wie Deutschland ein christlich-geprägtes Land, aber es ist seit 1905 laizistisch und hat nicht die gleichen Feiertage wie Deutschland: Der Ostermontag ist auch ein Feiertag, der Karfreitag jedoch nicht, außer im Elsass und im Département Moselle.

La femme de Joseph est **morte** de maladie. Joseph et elle se connaissent depuis l'enfance.

La voisine de Joseph, Florence Bolon, est **célibataire** : le week-end de Pâques, elle aime rester chez elle et **jardiner**. Elle aime cuisiner. Maintenant, elle est dans le jardin. Elle voit Joseph devant sa maison.

mort	gestorben
célibataire	ledig
jardiner	im Garten arbeiten
s'asseoir *irr*	sich hinsetzen
fauteuil *m*	Sessel

« Bonsoir, Monsieur Joseph ! dit Florence Bolon. Vous me racontez votre week-end ? »

Mais Joseph Moreau ne veut pas parler. Il dit bonjour de la main. Il pense à son enfance, à ses amis et aussi à sa femme, Marguerite.

Exercice 3 : Les hobbys. Ergänzen Sie die folgende Liste mit dem jeweils passenden Verb!

1. le jardin *jardiner*

2. la cuisine ____________

3. la lecture ____________

4. le tricot ____________

Joseph Moreau rentre maintenant dans sa maison. Il **s'assied** dans son **fauteuil**. D'habitude, il regarde la télé. Mais, depuis la mort de sa femme Marguerite, il regarde des albums-photos tous les soirs. Ce sont des albums[i] avec des photos de son enfance : il y a beaucoup de **souvenirs**. Maintenant, il regarde les photos de l'école primaire.

souvenir *m*	Erinnerung
se dépêcher	sich beeilen
être *irr* **en retard**	sich verspäten
dormir *irr*	schlafen
être *irr* **en colère**	wütend sein
oublier	vergessen
cartable *m*	Schulranzen
être *irr* **en train de**	dabei sein, etw. zu tun
bisou *m*	Küsschen
quitter	verlassen
entendre	hören
voix *f*	Stimme
vélo *m*	Fahrrad

« Joseph ! **Dépêche-toi** ! Tu vas **être en retard** à l'école ! »
Joseph est assis dans le fauteuil.
« Tu **as** encore **dormi** dans le fauteuil de ton père ? Tu sais qu'il **est en colère** quand tu le fais ! Et n'**oublie** pas ton **cartable** ! »
Joseph regarde dans la cuisine : sa mère **est en train de** cuisiner.
« Tu es encore là ? demande-t-elle. Allez, dépêche-toi ! ... Et mon **bisou** ? »
Joseph embrasse sa mère, prend son cartable et **quitte** la maison. Quand il est devant la maison, il **entend** une **voix** :
« Tu viens ? On va être en retard ! »

Devant le jardin, il y a deux garçons et deux filles sur des **vélos**. Joseph les regarde : ce sont ses amis Guy, Georges, Odette... et Marguerite !

> Im Unterschied zum Deutschen bildet sich die Pluralform von *album* im Französischen mit einem „s" am Ende.

« Mais vous...
– Si nous sommes en retard, la vieille Ménard va être en colère !

– Oui, je sais, j'arrive. Je...
– Et ton vélo, Jojo ! Va chercher ton vélo ! »

Exercice 4 : Les prépositions. Lesen Sie weiter und ergänzen Sie den folgenden Textausschnitt mit der jeweils richtigen Präposition!

à | autour | de | sur | avec

Joseph regarde **1.** *autour* de lui. La petite ville **2.** ________ banlieue où il habite est un village, le village de son enfance ! Il va **3.** ________ l'école à vélo **4.** ________ ses quatre amis. **5.** ________ la route de l'école, ils achètent toujours des petits bonbons.

En septembre 1949, Joseph et ses amis se rencontrent. Ils ont tous six ans. C'est le début de l'école primaire. Ils habitent dans un petit village de la banlieue parisienne. Leurs parents travaillent dans une grande **usine**. Le groupe va à l'école ensemble.

À l'école, les garçons et les filles sont normalement séparés : mais dans les petits villages, il y a souvent une classe **unique**. Le groupe d'amis est dans la classe de mademoiselle Ménard. Mademoiselle Ménard est très sévère : les élèves ne **doivent** pas être en retard.

usine *f*	Fabrik
unique	*hier:* einzig
devoir *irr*	dürfen; müssen; sollen

Joseph **se souvient de** sa première **rencontre** avec Guy et les autres : Guy veut **se battre** mais Joseph est **malin** et il dit :

« Je ne me bats pas avec toi.

– Pourquoi ?

– Parce que je **cours** plus **vite** que toi ! »

Tout le groupe rit : maintenant, Joseph et Guy sont amis. Tout le groupe est ami.

se souvenir de	sich an etw. erinnern
rencontre *f*	Treffen, Begegnung
se battre *irr*	kämpfen
malin	gerissen
courir	rennen
vite	schnell
fort	stark
aider	helfen
avoir *irr* **raison**	recht haben
maigre	mager
porter	tragen
lunettes *f pl*	Brille
timide	schüchtern
joli	hübsch
être *irr* **amoureux de qn**	in jdn. verliebt sein
célèbre	berühmt

Sur son vélo, Joseph regarde ses amis : Guy est le plus grand et le plus **fort**. Il a aussi le plus grand vélo. Il **aide** et protège toujours ses amis. Odette, elle, parle beaucoup : elle a un caractère très fort et elle **a** toujours **raison** ! Georges est petit et **maigre** : il **porte des lunettes** et c'est le plus intelligent du groupe. Il est très **timide** et, en classe, il est toujours assis à côté d'Odette. Odette fait toujours des commentaires sur tout et sur tout le monde. Mais elle ne dit jamais rien sur Georges. Joseph, lui, est le chef du groupe : il a les meilleures idées. Mais souvent, Odette n'est pas d'accord avec lui. Joseph, lui, aime Marguerite : Marguerite, c'est la plus **jolie** fille de l'école. Tous les garçons **sont amoureux d'**elle. Marguerite a de longs cheveux blonds et les yeux bleus. Elle rêve de devenir **célèbre**. Son modèle, c'est Marilyn Monroe. Les cinq amis ont tous le même âge et ils sont toujours assis côte à côte dans la salle de classe.

Exercice 5 : L'heure. **Tragen Sie jeweils die richtige Uhrzeit ein!**

huit heures et quart | midi | cinq heures moins le quart

deux heures et demie | dix-huit heures

1. 18H00 : il est *dix-huit heures*
2. 08H15 : il est ______.
3. 04H45 : il est ______.
4. 12H00 : il est ______.
5. 02H30 : il est ______.

Pendant toute l'école primaire, ils restent toujours ensemble. Leur jour **préféré**, c'est le jeudi après-midi parce qu'il n'y a pas école. Ils jouent ensemble toute la journée. Et ils prennent le **goûter** chez les parents de Georges. Paris est une très grande ville et elle devient **de plus en plus** grande pendant les années 1950 et 1960. Nous sommes mardi : Joseph rentre de l'école en fin d'après-midi. Quand il rentre, son père n'est pas encore là : l'usine ferme à dix-huit heures. Son père arrive à dix-neuf heures pour le dîner. La mère de Joseph prépare le dîner : la société française des années 1950 est une société très tradi-

préféré	Lieblings-
goûter	süßer Imbiss am Nachmittag
de plus en plus	immer mehr

tionnelle. Mais c'est aussi l'enfance de Joseph. Il adore ce parfum de chocolat chaud du goûter.

Sa mère prépare toujours de très bons **plats**. Aujourd'hui, c'est un **gigot d'agneau**. Nous sommes le mardi après le week-end de Pâques.

« Est-ce que tu as passé une bonne journée, chéri ?

– Nous avons beaucoup de travail à l'usine. Et toi ?

– J'ai rangé la maison et j'ai préparé un gigot d'agneau.

– Et toi, Joseph ?

– J'ai appris un **poème** et j'ai fait des exercices de mathématiques. »

Le dîner se passe toujours très bien : ses parents **s'entendent** bien. Son père est **calme** et sa mère est **souriante**. Après le dîner, son père s'assied dans son fauteuil et lit le journal. Sa mère, elle, **fait la vaisselle**. Joseph joue avec ses **jouets** dans le salon. Après la lecture de son journal, son père **se promène** dans le quartier. Et Joseph prend sa place dans le fauteuil.

plat *m*	Gericht
gigot *m* **d'agneau**	Lammkeule
poème *m*	Gedicht
s'entendre	sich verstehen
calme	ruhig
souriant	lächelnd
faire *irr* **la vaisselle**	Geschirr spülen
jouet *m*	Spielzeug
se promener	spazieren gehen
institutrice *m*	Grundschul-lehrerin

En 1954, les six amis ont tous onze ans. Nous sommes en septembre. C'est l'automne. Joseph sort de sa maison.

« Jojo ! Nous sommes en retard ! »

Joseph sourit.

« Mais la vieille Ménard n'est plus notre **institutrice** !

– Oui, mais le bus n'attend pas.

– Allez, dépêche-toi ! »

Maintenant, les cinq amis ne vont plus à l'école primaire mais au **lycée**. En France, dans les années 1950, les élèves du lycée ont entre onze et dix-huit ans. Mais tous les élèves ne vont pas au lycée : **il faut** avoir de bonnes notes. Heureusement, les cinq amis ont tous de bonnes notes et ils peuvent aller au lycée. Il y a un lycée pour les filles et un lycée pour les garçons. Au lycée, le premier jour est très important. Les cinq amis prennent leur vélo pour aller jusqu'à l'**arrêt de bus**. Puis ils prennent le bus pour aller au lycée.

lycée *m*	Gymnasium
falloir *irr*	nötig sein
arrêt *m* **de bus**	Bushaltestelle
à gauche	links
à droite	rechts

Exercice 6 : Les participes passés. Finden Sie für jedes Verb das Partizip im vorherigen Textabschnitt!

1. passer *passé*

2. ranger ____________________

3. apprendre ____________________

4. faire ____________________

5. préparer ____________________

Quand ils arrivent au lycée, il y a beaucoup d'élèves. **À gauche**, c'est le lycée des filles et **à droite**, c'est le lycée des garçons. Ce sont deux grands lycées. Ils sont dans une ville à côté du village où les cinq amis habitent avec leur famille. Quand ils entrent dans la cour, il y a des surveillants. Les élèves doivent

trouver leur classe. Il y a des listes à l'entrée du lycée. Georges lit et dit à Guy :
« Super ! Nous sommes dans la même classe ! »
Guy lui répond alors :
« Super ! Nous pouvons nous asseoir côte à côte ! »
Joseph sourit.
« Et toi ? demande Georges à Joseph.
– Je suis en sixième A.
– Oh non ! Nous ne sommes pas dans la même classe ! Et Jojo est seul ! » **s'exclame** Guy.

Joseph ne dit rien : il regarde Marguerite dans la cour du lycée de filles. Son amie parle avec d'autres filles de sa classe. Et elles rient. Joseph est triste. Il comprend que maintenant, ses amis et lui ne se voient plus aussi souvent.
« Jojo est tout seul ! Ah ! Ah ! Ah !
Le petit Jojo est perdu ? »
Un grand garçon est à côté de Joseph avec ses **copains**.

Exercice 7 : Cherchez l'intrus. Welches Wort passt nicht in die Reihe? Unterstreichen Sie!

Exemple : 1. ville métropole village vélo

2. lycée école institutrice université

3. ami cours classe sixième

4. professeur élève bagarre surveillant

5. heureux fort malheureux triste

Le grand garçon veut la **bagarre**. Mais heureusement, Guy est là.
« Il y a un problème ? » demande-t-il au grand garçon.
Guy a seulement onze ans mais il est très grand et très fort. Le grand garçon a peur et il ne dit plus rien.
« Merci ! dit Joseph à Guy.
– **En rang** ! **C'est l'heure** ! »
Joseph se souvient de son premier jour au lycée : c'est le début d'une autre époque. Joseph a raison : quand les cinq amis vont au lycée, il y a des changements. Pendant la classe de sixième, ils se voient encore tous les jours. Mais à la fin de la classe de cinquième, Guy **arrête** le lycée pour faire un **apprentissage**. Il reste maintenant au village. Marguerite a beaucoup de nouvelles amies et Joseph la voit beaucoup moins. Au lycée, il voit surtout Georges, Odette le soir après le lycée, et Guy le week-end. Guy travaille comme **apprenti menuisier**. Son nouveau travail lui **plaît** beaucoup. Georges, lui, adore les mathématiques et Odette veut devenir **infirmière**. Marguerite, elle, rêve de devenir une femme importante, peut-être une professeure ou même une ministre. Joseph, lui, ne sait pas encore : il aide souvent Georges à faire ses devoirs. Il pense alors à devenir professeur de français : sa mère dit que c'est bien parce que c'est un travail intellectuel. Son père est aussi d'accord parce que c'est moins difficile que l'usine : en effet, Joseph est **fonctionnaire** s'il est professeur.

s'exclamer	ausrufen
copain *m*	Kumpel
bagarre *f*	Prügelei
En rang !	Reihe bilden!
C'est l'heure !	Es ist Zeit!
arrêter	aufhören
apprentissage *m*	Lehre
apprenti *m* **menuisier**	Schreinerlehrling
plaire *irr*	gefallen
infirmière *f*	Krankenschwester
fonctionnaire *m/f*	Beamte/ Beamtin

Les années **passent** et les cinq amis **grandissent** : Joseph passe beaucoup de temps avec Odette et Georges, et les week-ends avec Guy. Marguerite vient **quelquefois** mais moins souvent. Les cinq amis sont fans d'un nouveau genre musical qui vient des États-Unis : le rock n'roll. Ils écoutent les chansons de Johnny Hallyday, et vont à un de ses concerts à l'Alhambra, à Paris. Nous sommes alors en 1960 et les cinq amis ont dix-sept ans.

Exercice 8 : Qui veut quoi ? Ergänzen Sie die folgenden Sätze mit dem jeweils richtigen Vornamen!

1. *Joseph* veut devenir professeur.

2. ______________ veut devenir menuisier.

3. ______________ veut devenir infirmière.

4. ______________ veut devenir une femme importante.

Nous sommes en 1961 : depuis quelques années, les parents de Joseph ont la **télévision**. Aujourd'hui, la famille regarde les informations : on y parle du jeune président américain John Fitzgerald Kennedy mais aussi des « **évènements** » en Algérie. On ne parle pas encore officiellement de « guerre ». Joseph et ses amis ne pensent pas beaucoup à la politique : ils pensent à leur **baccalauréat** [i] et surtout à... l'amour !
Pendant le concert de Johnny Hallyday, Marguerite rencontre Albert, qui **devient** son **petit ami**. Marguerite ne voit plus beaucoup ses amis : Joseph est triste et il est aussi jaloux. Il

sort beaucoup avec Odette, Georges et Guy.

Un soir, les quatre amis vont à un **bal** : à ce bal, il y a Marguerite et Albert. Et pendant ce bal, Odette rencontre un jeune homme qui s'appelle Christian. Odette et Christian dansent beaucoup ensemble. Mais Joseph, Guy et Georges ne dansent pas : Joseph est triste **à cause de** Marguerite et Albert, Guy est **fatigué** à cause de son travail et Georges...

passer	*hier:* vergehen
grandir	wachsen
quelquefois	manchmal
télévision *f*	Fernseher
évènement *m*	Ereignis
baccalauréat *m*	Abitur
devenir	werden
petit ami *m*	fester Freund
sortir	ausgehen
bal *m*	Ball, Tanzabend
à cause de	wegen
fatigué	müde
blouson *m*	Jacke
piste *f* **de danse**	Tanzfläche

« Tu ne veux pas danser ? » lui demande Odette.
Georges ne répond pas, mais elle insiste :
« Alors ? Tu viens ? »
Mais Georges ne dit rien. Il prend son **blouson** et sort de la salle de bal. Surprise, Odette ne danse plus. Christian est déçu.
« Hé ! Tu ne veux plus danser ?
– Attends ! »

In Frankreich endet das Gymnasium mit einem ähnlichen Abschluss wie in Deutschland, und zwar dem Abitur, das *le baccalauréat* genannt wird, und meistens zu *le bac* verkürzt wird.

Odette s'assied à côté de ses amis. Joseph et Georges sont en train de boire un verre de vin.
« Je... »
Guy se lève et dit :
« Je vais chercher un verre pour Odette. »
Sur la **piste de danse**, Marguerite et Albert se disputent.

Pendant ce temps, Odette discute avec Joseph.
« Comment vas-tu ?
– Je suis fatigué. Je **crois** que je vais **rentrer**.
– Pourquoi ? On s'amuse bien !
– Je dois **réviser** pour le bac.
– Tu ne veux pas parler à Marguerite ?
– Pourquoi ?
– Elle a des problèmes avec Albert.
– Je ne veux pas m'occuper de leurs problèmes...
– Ah... D'accord ! Et tu sais pourquoi Georges n'est plus là ? »
Joseph sourit. Il dit à Odette :

croire	glauben
rentrer	*hier:* nach Hause gehen
réviser	*hier:* lernen

Exercice 9 : Le passé composé. Lesen Sie weiter und ergänzen Sie die jeweilige Verbform im Passé composé.

« Est-ce que tu **1.** sortir *es sortie* avec ce Christian ?

– Pourquoi ?

– Quand Georges **2.** faire ________ ta connaissance, il **3.** tomber ________ amoureux de toi.

– À six ans ?

– **À ton avis**, il **4.** partir ________ pour quelle **raison** ?

Tu dois lui parler, **sinon** tu l' **5.** perdre ________.

– Et toi ? Tu ne veux pas parler à Marguerite ?

– Marguerite ? Non, elle est avec Albert maintenant. »

Nous sommes le lundi, le 6 mai 1968.
« La Sorbonne est à nous ! »
On entend beaucoup de **cris**. Les étudiants **manifestent**. Il y a bientôt beaucoup de gens dans les rues de Paris : des étudiants, des **ouvriers**, des professeurs. On entend des slogans comme :
« Il est **interdit** d'interdire ! »
Après son **service militaire**, Joseph est étudiant à La Sorbonne : il fait des études de littérature, comme Marguerite. Marguerite prépare un doctorat de littérature comparée. Guy, lui, vit toujours dans le village : il a maintenant son **propre atelier** de menuisier. Odette et Georges **sont mariés** depuis 1961 et ils ont déjà deux enfants. Odette est infirmière et Georges est **comptable**. Ils habitent tous les deux à Paris avec leurs enfants. Odette et Georges sont eux aussi très actifs et ils **participent aux** manifestations dans les rues de Paris. Aujourd'hui, Joseph rencontre Marguerite.
« Comment vas-tu ? demande Marguerite à son ami.
– Ça va. Et toi ?
– Oui. Tu viens ?
– Où ? »
Un autre étudiant arrive alors. Il a des **affiches** dans les **bras**. Il regarde Marguerite et lui demande :

à ton avis	*hier:* was glaubst du denn
raison *f*	Grund
sinon	sonst
cri *m*	Schrei
manifester	demonstrieren
ouvrier *m*	Arbeiter
interdire	verbieten
service *m* **militaire**	Militärdienst
propre	*hier:* eigen
atelier *m*	*hier:* Werkstatt
être *irr* **marié**	verheiratet sein
comptable *m*	Buchhalter
participer à qc	an etw. teilnehmen
affiche *f*	Plakat
bras *m*	Arm

« Je vais au meeting à la Halle aux Vins, boulevard Saint-Germain. Et nous manifestons dans le Quartier latin contre les policiers. Tu viens ?
– Oui, j'arrive.

Exercice 10 : Mots cachés. **Finden Sie im Gitternetz fünf Begriffe aus dem vorherigen Absatz, die mit den Ereignissen im Mai 1968 zu tun haben!**

A	B	R	I	S	T	A	M	O	N
F	B	O	U	L	E	V	A	R	D
F	U	R	L	O	S	A	N	I	E
I	S	T	M	E	E	T	I	N	G
C	R	E	G	R	A	U	F	I	N
H	A	S	T	I	R	U	E	N	E
E	D	O	L	D	E	S	S	O	T
T	E	L	N	O	U	S	T	A	N
A	R	I	S	T	I	L	E	M	A
P	**O**	**L**	**I**	**C**	**I**	**E**	**R**	E	V

1. *policier*
2. ______
3. ______
4. ______
5. ______
6. ______

– Et toi ? »
Joseph regarde Marguerite, puis l'autre étudiant, qui s'appelle Michel. Il **remarque** que Michel **tient** la **main** de Marguerite. Michel est **près de** la sortie de la **cour**.
« Vous... ? demande Joseph à Marguerite.
– Oui, nous sortons ensemble. »

« Monsieur Joseph, vous m'entendez ? »
C'est Florence Bolon qui appelle Joseph Moreau. Il y a plusieurs jours que son voisin est **absent**. Elle regarde devant et derrière la maison. Il **n'**y a **personne**. Un autre voisin voit Florence Bolon et il vient.
« Que faites-vous, Madame Bolon ?
– Je cherche Monsieur Joseph. Savez-vous où il est ?
– Non, je ne l'ai pas vu depuis quelques jours.
– Que faites-vous ? »
Florence Bolon veut ouvrir la porte. Le voisin dit :
« Vous **exagérez**, Madame Bolon ! Monsieur Joseph est absent depuis quelques jours, et alors ? Il est triste depuis la mort de sa femme. C'est normal, non ?
– Je suis inquiète.
– Il **est** peut-être **en voyage**. »
Deux jours plus tard :
« Ding ! Dong ! »
C'est le **facteur** qui **sonne** à la porte de Joseph Moreau. Personne ne répond. Florence Bolon voit le facteur et vient. Un autre voisin vient aussi.
« Vous cherchez Monsieur Joseph ?

remarquer	bemerken
tenir la main de qn	jds. Hand halten
près de	in der Nähe von
cour *f*	Hof
absent	abwesend
ne... personne...	niemand
exagérer	übertreiben
être *irr* **en voyage**	verreist sein
facteur *m*	Briefträger
sonner	klingen

Exercice 11 : Les questions. Welche der folgenden Fragen und Antworten gehören zusammen? Ordnen Sie zu!

1. ☐ Que faites-vous ?	**a)** Je suis Joseph Moreau.
2. ☐ Où allez-vous ?	**b)** Je vais bien, merci.
3. ☐ Qui êtes-vous ?	**c)** Je pars aujourd'hui.
4. ☐ Comment allez-vous ?	**d)** Je vais à Paris.
5. ☐ Quand partez-vous ?	**e)** *Je cherche mon voisin.*

– Joseph Moreau ? Oui, mais il n'est pas là. Et il y a beaucoup de lettres dans sa **boîte à lettres**.
– Que fait-on ? demande une autre voisine.
– Moi, je dois partir, dit le facteur. Je vous donne sa lettre ?
– D'accord. Merci ! »
Le facteur part. Florence Bolon rentre dans le jardin de Joseph Moreau.
« Que faites-vous ? lui demande un autre voisin.
– Je cherche Monsieur Joseph. »

boîte *f* à lettres	Briefkasten
accompagner	begleiten

Quelques minutes plus tard, Florence Bolon décide d'ouvrrir la porte de la maison de Joseph Moreau. L'un des voisins l'**accompagne**.
« Monsieur Joseph ! Vous êtes là ? »
L'autre voisin n'est pas content. Il dit :
« Monsieur Joseph est peut-être parti en voyage ! Il n'est pas obligé de nous le dire ! »

Florence Bolon entre dans la cuisine de Monsieur Joseph.
« Je ne crois pas, dit-elle.
– Pourquoi ? »
L'autre voisin entre maintenant lui aussi dans la cuisine et... Oh, catastrophe ! La vaisselle n'est pas faite.
« C'est **étrange**, dit-il.
– C'est vrai que Monsieur Joseph est **maniaque**, ajoute Florence Bolon. Ses enfants sont partis dimanche. Il a peut-être...
– Venez voir ! »
L'autre voisin est maintenant dans le salon. Sur le petit **guéridon** à côté du fauteuil, il y a des albums-photos ouverts.

étrange	seltsam
maniaque	pedantisch
guéridon *m*	Beistelltisch; kleiner runder Tisch
ne... ni... ni...	weder... noch...
pièce *f*	*hier:* Zimmer

« Que voyez-vous ? lui demande Florence Bolon.
– Il **n'**est **ni** dans la chambre **ni** dans la salle de bains. J'ai regardé dans toutes les **pièces**, explique le voisin, et il n'est pas là. Sa voiture est dans le garage. »
« Que fait-on maintenant ? demande l'autre voisin.
– Il faut appeler ses enfants. » dit Florence Bolon.
Bientôt, Pascale et Philippe sont là. Il y a aussi Nathalie et Hervé.
« Madame Bolon exagère, comme d'habitude, dit Philippe.
– Non ! Papa a disparu !
– Mais c'est impossible !
– Les autres et moi allons dans le quartier, dit le voisin. Madame Bolon reste ici.
– Et nous ?
– Je pense qu'il faut appeler la police.
– Vous avez raison, dit Philippe.

Exercice 12 : Dans la maison. Markieren Sie die richtige Antwort!

1. On prépare les repas dans...

a) ☐ la cave.

b) ☐ la cuisine.

2. On dort dans...

a) ☐ la chambre.

b) ☐ le couloir.

3. On se prépare dans...

a) ☐ la salle de bains.

b) ☐ les toilettes.

4. On discute dans...

a) ☐ le garage.

b) ☐ le salon.

– Non, dit Pascale. Tu n'appelles pas la police, tu vas au **commissariat**. »
Plus de 50 ans auparavant, il y a beaucoup de monde devant le commissariat. **D'un côté**, ce sont les policiers en uniforme et, **de l'autre**, ce sont les étudiants qui manifestent.
« La police avec nous ! »
Au premier **rang** de la manifestation, il y a Marguerite et Mi-

chel. Joseph **court**. Il est derrière la manifestation mais il veut être devant... avec Marguerite. Il veut lui parter !

Plus de 50 ans après, Pascale s'est assise dans le fauteuil avec les albums-photos de son père. Florence Bolon arrive.
« Qu'avez-vous trouvé ?
– Je n'ai jamais vu cet album.
– Ce sont des photos de Mai 1968, n'est-ce pas ?
– Mais ce n'est pas possible ! s'exclame Pascale.
– Qu'est-ce qu'il y a ? demande madame Bolon.
– Vous voyez le **foulard** que ma mère porte sur cette photo ?
– Oui, il est très beau ce foulard. Et alors ?
– Mes parents m'ont raconté mille et mille fois que mon père le lui a donné quand il lui a demandé de l'**épouser** ! Et que ma mère l'a perdu peu après !
– Oui... C'est intéressant. Mais il faut que nous **réfléchissions** maintenant. Il faut retrouver votre père, c'est le plus important, non ?
– Ma mère était avec ce Michel. On le voit sur cette photo. Mon père m'a souvent dit à quel point il était amoureux de maman. Et à quel point il était **jaloux**. Il a été avec ma mère plus tard, mais sur cette photo, on voit Marguerite **main dans la main** avec Michel, vous voyez ?
– Je ne comprends pas ce que vous...
– Le foulard ! Mon père le lui a donné au début de leur relation, après son **divorce** avec Michel. Mais elle le porte sur la photo !

commissariat *m*	Polizeirevier
d'un côté..., de l'autre...	einerseits..., andererseits...
rang *m*	Reihe
courir *irr*	rennen
foulard *m*	Halstuch
épouser	heiraten
réfléchir	nachdenken
jaloux	eifersüchtig
main dans la main	Hand in Hand
divorce *m*	Scheidung

– Cela veut dire que votre père a déjà demandé votre mère en mariage sur la photo ?
– Oui !
– C'est impossible ? »
Pascale est toute **pâle**. Elle **se redresse** et dit :
« Mais la chose la plus bizarre, c'est que... »

pâle	blass, bleich
se redresser	sich aufrichten
dossier *m*	*hier:* Rückenlehne
impatient	ungeduldig
bégayer	stottern
abandonner	aufgeben
sous aucun prétexte	unter keinen Umständen

Elle se tourne sur le vieux fauteuil de monsieur Joseph et prend de la main gauche un foulard qui est posé sur le **dossier**. C'est un très beau foulard avec de petites marguerites. Sans un mot, elle le montre à madame Bolon.
« Mais... Mais vous venez de me dire que Marguerite...
– Ma mère avait perdu ce foulard, je l'ai souvent vu sur des photos. Je le reconnais ! Mais je ne l'ai jamais eu en main !
– Mais si c'est le cas, le foulard ne peut pas être ici ! s'exclame Florence Bolon, impatiente. Il a été perdu il y a longtemps !
– Sauf si mon père...
– Vous... Vous voulez dire que... ? **bégaie** la voisine, qui commence à comprendre.
– Si c'est le foulard que ma mère a perdu il y a cinquante ans, et qu'il se trouve maintenant ici... entre mes mains... aujourd'hui... Je sais peut-être où est mon père.
– Mais, Pascale, ce n'est pas... »
Pascale se lève, le foulard à la main. Elle a les larmes aux yeux.
« Mon père m'a toujours expliqué que, dans la vie, il faut tout faire pour conserver ce qu'on aime vraiment et ne jamais **abandonner, sous aucun prétexte**. »

Test final
Solutions
Glossaire
Liste des exercices

Test final

Exercice 1 : Histoire de France. **Ergänzen Sie den folgenden Text mit dem jeweils passenden Begriff!**

étudiants | De Gaulle | économique

Seconde Guerre mondiale | Algérie

Joseph est né en 1943. En 1945, c'est la fin de la **1.** Seconde Guerre mondiale. La France est en ruines mais quelques années plus tard, c'est le boom **2.** __________ : on l'appelle les « Trente Glorieuses ». Entre 1954 et 1962, c'est la guerre d' **3.** __________. La situation est difficile alors, en 1958, le général **4.** __________ fonde la Ve République. En mai 1968, c'est la révolte des ouvriers et des **5.** __________.

Exercice 2 : Combinez. **Welche der folgenden Begriffe gehören zusammen? Ordnen Sie zu!**

1. ☐ l'école	**a)** dans un fauteuil
2. ☐ avoir	**b)** de bus
3. ☐ s'asseoir	**c)** primaire
4. ☐ faire	**d)** l'habitude
5. ☐ l'arrêt	**e)** la vaisselle

Exercice 3 : Les articles contractés. Ergänzen Sie die passenden zusammengezogenen Artikel!

1. Maxime a peur __________ vide.
2. Pierre va __________ magasin avec lui.
3. Laurent est le chef __________ centre de parachutisme.
4. Il a vu un homme à côté __________ armoires.

Exercice 4 : Vrai ou faux ? Markieren Sie mit ✓ oder falsch — !

1. Monsieur Joseph est veuf. ☐
2. Monsieur Joseph vit en banlieue. ☐
3. Monsieur Joseph a deux fils. ☐
4. Au lycée, Joseph était en classe avec ses amis. ☐
5. Joseph a fait ses études à l'université de La Sorbonne. ☐

Exercice 5 : Traduisez. Übersetzen Sie die folgenden Begriffe ins Französische!

1. Konditorei __________
2. Zeichentrickfilm __________
3. Erdgeschoss __________
4. Lärm __________
5. Halstuch __________
6. Wartezimmer __________

Exercice 6 : Devinette. **Finden Sie die passenden Begriffe und enträtseln Sie das Lösungswort!**

1. Chloé et Inès sont les deux... de Pascale et d'Hervé

[f] *i l l e s*.

2. On sonne à la porte : « Ding ! _ [ ] _ _ ! »

3. Les quartiers à côté de la ville sont la...

_ _ _ _ _ _ [ ] _.

4. Slogan de Mai 1968 : « ... [ ] _ Sorbonne est à nous ! »

5. Marguerite, Odette, Georges et Guy sont les... de Joseph.

[ ] _ _ _.

6. La profession de Guy : _ _ _ _ _ _ _ _ [ ]

7. On va au bal pour... [ ] _ _ _ _ _.

Lösung: Sur la photo, maintenant, Marguerite porte un *f* _ _ _ _ _ _.

Exercice 7 : Les mots corrects. **Beschriften Sie die Gegenstände und setzen Sie den bestimmten Artikel davor!**

1. 

____

3. 

____

2. 

____

4. 

____

Exercice 8 : Démêlez les phrases. Bringen Sie die Wörter in die richtige Reihenfolge.

1. aime Thomas dans nager piscine sa

____

2. avec centre de Thomas au Michel va parachutisme

____

3. entreprise des cadres jeunes recherchent les

____

4. son de Joseph souvient enfance se Monsieur

____

5. récit fin du se Mathieu et retrouvent à Marianne la

____

Solutions

Le grand saut

Exercice 1 : **1.** tennis **2.** nuageux **3.** fauteuil **4.** éternel

Exercice 2 : **1.** faux (Il habite au rez-de-chaussée.) **2.** vrai **3.** faux (Il a gagné un saut en parachute.) **4.** vrai

Exercice 3 : **1.** appelle **2.** est **3.** vas **4.** va **5.** connais **6.** a

Exercice 4 : **1.** a **2.** d **3.** f **4.** c **5.** e **6.** b **7.** g

Exercice 5 : **1.** le mois **2.** le weekend **3.** le lundi **4.** l'après-midi **5.** la semaine **6.** le matin **7.** l'année **8.** le midi

Exercice 6 : **1.** L'homme n'est pas surpris. **2.** Il ne ferme jamais à clé. **3.** Il n'y a personne. **4.** Laurent ne doit pas travailler. **5.** Les moniteurs ne ferment jamais les armoires.

Exercice 7 : **1.** vrai **2.** faux (Il trouve des ciseaux.) **3.** vrai **4.** faux (Le saut est annulé.) **5.** faux (Il n'y a qu'un parachute déchiré.)

Exercice 8 : **1.** a **2.** d **3.** f **4.** b **5.** e **6.** c **7.** g **8.**j **9.** k **10.** i **11.** h **12.** l

Exercice 9 : **1.** allume **2.** clique **3.** ouvre **4.** met **5.** télécharge **6.** retire **7.** éteint

Exercice 10 : **1.** Est-ce que vous fumez ? **2.** Est-ce que vous avez peur ? **3.** Est-ce que vous prenez des médicaments ? **4.** Est-ce que vous vous sentez bien ? **5.** Est-ce que vous vous sentez prêt ?

Exercice 11 : **1.** heureux **2.** furieux **3.** surpris **4.** joyeux **5.** content **6.** énervé **7.** triste

Solution : Maxime est angoissé.

T	A	H	E	U	R	E	U	X
R	F	U	R	I	E	U	X	N
I	G	S	U	R	P	R	I	S
S	J	O	Y	E	U	X	O	I
T	S	C	O	N	T	E	N	T
E	S	É	E	N	E	R	V	E

La vie est douce

Exercice 1 : **1.** d. **2.** e. **3.** a. **4.** b. **5.** c.

Exercice 2 : **1.** a **2.** vivons **3.** achètent **4.** stagnent **5.** baissent

Exercice 3 : **1.** c. **2.** e. **3.** b. **4.** d. **5.** a.

Exercice 4 : **1.** licencié **2.** prime **3.** féliciter **4.** mission

Exercice 5 : **1.** a. **2.** c. **3.** d. **4.** b **5.** e.

Exercice 6 : **1.** être **2.** passer **3.** avoir **4.** aider **5.** rêver

Exercice 7 : **1.** trente-quatre **2.** vingt-et-un **3.** quatre-vingts **4.** soixante-et-onze

Exercice 8 : **1.** salir **2.** lit **3.** olive **4.** vacances

Exercice 9 : Urgent ! Pâtisserie **cherche** vendeur/vendeuse expérimenté(e). Vos **missions** principales sont la vente et la satisfaction du client. Contrat en **CDI** 35 heures. Vous avez le sens du commerce et des **responsabilités** ? Vous êtes souriant(e), accueillant(e) et dynamique ? Rejoignez la pâtisserie Rochant. Tél. : 02.97.18.20.06 / **Courriel** : mathieu@pâtisserie-rochant.fr

Exercice 10 : chouquette, **ma**, chocolat, **ri**, tarte, **an**, baba, **ne**
Solution : Le gâteau s'appelle le **Marianne**.

Vernissage coloré

Exercice 1 : **1.** bleu marine **2.** rouges **3.** noire **4.** orange **5.** vert

Exercice 2 : **1.** Mes **2.** ma **3.** ma **4.** mon **5.** mon **6.** mes

Exercice 3 : **1.** mensuelle **2.** annuel **3.** hebdomadaire **4.** bimensuelle **5.** quotidiennes

Exercice 4 : **1.** Entrez **2.** Allez **3.** va **4.** descends

Exercice 5 : **1.** Personne ne connaît le secret de Thomas. **2.** Clémence et Michel ne sont pas encore arrivés. **3.** Les journalistes ne sont jamais invités au vernissage. **4.** Clémence ne sait rien.

Exercice 6 : **1.** devant **2.** sur **3.** derrière **4.** à côté de

Exercice 7 : **1.** ai parlé **2.** ont raconté **3.** sont arrivés **4.** ont été **5.** s'est passé **6.** avez-vous

Exercice 8 : **1.** Les étudiants vont gribouiller leurs peintures. **2.** Clémence va interroger Thomas. **3.** Nous allons regarder les autres tableaux. **4.** Tu vas te calmer.

Monsieur Joseph a disparu

Exercice 1 : **1.** fille **2.** femme **3.** enfants **4.** mari **5.** grand-père

Exercice 2 : **1.** faux (Chloé et Inès écoutent toujours leur grand-père.) **2.** faux (C'est Joseph Moreau sur la photo.) **3.** vrai **4.** vrai **5.** faux (Chloé est une fille très sérieuse.)

Exercice 3 : **1.** jardiner **2.** cuisiner **3.** lire **4.** tricoter

Exercice 4 : **1.** autour **2.** de **3.** à **4.** avec **5.** Sur

Exercice 5 : **1.** dix-huit heures **2.** huit heures et quart **3.** cinq heures moins le quart **4.** midi **5.** deux heures et demie

Exercice 6 : **1.** passé **2.** rangé **3.** appris **4.** fait **5.** préparé

Exercice 7 : **1.** vélo **2.** institutrice **3.** ami **4.** bagarre **5.** fort

Exercice 8 : **1.** Joseph **2.** Guy **3.** Odette **4.** Marguerite

Exercice 9 : **1.** es sortie **2.** a fait **3.** est tombé **4.** est parti **5.** as perdu

Exercice 10 :

A	B	R	I	S	T	A	M	O	N
F	B	O	U	L	E	V	A	R	D
F	U	R	L	O	S	A	N	I	E
I	S	T	M	E	E	T	I	N	G
C	R	E	G	R	A	U	F	I	N
H	A	S	T	I	R	U	E	N	E
E	D	O	L	D	E	S	S	O	T
T	E	L	N	O	U	S	T	A	N
A	R	I	S	T	I	L	E	M	A
P	O	L	I	C	I	E	R	E	V

Exercice 11 : **1.** e **2.** d **3.** a **4.** b **5.** c

Exercice 12 : **1.** b **2.** a **3.** a **4.** b

Test final

Exercice 1 : **1.** Seconde Guerre mondiale **2.** économique **3.** Algérie **4.** De Gaulle **5.** étudiants

Exercice 2 : **1.** c **2.** d **3.** a **4.** e **5.** b

Exercice 3 : **1.** du **2.** au **3.** du **4.** des

Exercice 4 : **1.** vrai **2.** vrai **3.** faux (Monsieur Joseph a une fille, Pascale, et un fils, Philippe.) **4.** faux (Au lycée, Joseph n'était pas en classe avec ses amis.) **5.** vrai

Exercice 5 : **1.** pâtisserie **2.** dessin animé **3.** rez-de-chaussée **4.** bruit **5.** foulard **6.** salle d'attente

Exercice 6 : **1.** filles **2.** Dong **3.** banlieue **4.** La **5.** amis **6.** menuisier **7.** danser

Lösung: foulard

Exercice 7 : **1.** le gâteau **2.** le fauteuil **3.** la montagne **4.** la toile

Exercice 8 : **1.** Thomas aime nager dans sa piscine.
2. Michel va au centre de parachutisme avec son ami Thomas. **3.** Les entreprises recherchent des jeunes cadres. **4.** Monsieur Joseph se souvient de son enfance.
5. Mathieu et Marianne se retrouvent à la fin du récit.

Glossaire

abîmer	beschädigen
absent	abwesend
à cause de	wegen
accueillir	empfangen
accident *m*	Unfall
accompagner	begleiten
acrophobie *f*	Höhenangst
addition *f*	Rechnung
adorer	lieben
à droite	rechts
aérodrome *m*	Flugplatz
affiche *f*	Plakat
affronter qc	sich etw. stellen
agacé	erbost
à gauche	links
agir	handeln
aider	helfen
ajouter	hinzufügen
à l'époque	damals
aller *irr* **chercher**	holen
allumer	einschalten
altitude *f*	Höhe
à ma place	an meiner Stelle
ancien	früher, alt
annuler	absagen
anxieux	ängstlich
apaiser	beruhigen
à point	*hier:* medium
apprécier	schätzen
apprendre	*hier:* erfahren
apprenti *m* **menuisier**	Schreinerlehrling
apprentissage *m*	Lehre
approcher	herankommen
s'approcher	sich nähern
armoire *f*	Schrank

arrêt *m* **de bus**	Bushaltestelle
arrêter	aufhören
s'arrêter	stehen bleiben
arriver à faire qc	es schaffen, etw. zu tun
arrondissement *m*	Bezirk
arts *m pl* **plastiques**	bildende Kunst
s'asseoir *irr*	sich hinsetzen
assez même	sogar ziemlich
atelier *m*	*hier:* Werkstatt
à ton avis	*hier:* was glaubst du denn
à travers qc	durch etw. hindurch
atteindre *irr*	erreichen
atterrir	landen
atterrissage *m*	Landung
attirant	anziehend
au bout de	am Ende von
au fond de	hinten
augmenter	erhöhen
ausculter	untersuchen
aussitôt	sofort
auteur *m*	Autor; Täter
avion *m*	Flugzeug
avoir *irr* **envie de**	Lust haben zu
avoir *irr* **l'air appétissant**	appetitlich aussehen
avoir *irr* **la tête qui tourne**	einen schwindligen Kopf haben
avoir *irr* **raison**	recht haben
À vous de jouer !	Sie sind dran!
baba *m* **au rhum**	Napfkuchen aus Hefeteig und Rum
baccalauréat *m*	Abitur
bagarre *f*	Prügelei
baisser	sinken, fallen
bal *m*	Ball, Tanzabend
banlieue *f*	Vorstadt
baptême *m*	*hier:* Jungfernsprung
bâtiment *m*	Gebäude
battre *irr*	schlagen
se battre *irr*	kämpfen
se souvenir de	sich an etw. erinnern
bénéfice *m*	Bilanzgewinn
bête	dumm
bêtise *f*	Dummheit
bisou *m*	Küsschen

bleu *m* **outremer**	Ultramarinblau
blouson *m*	Jacke
boite *f* **à lettres**	Briefkasten
bon-cadeau *m*	Gutschein
bouton *m*	Knopf
bras *m*	Arm
brasse *f*	Brustschwimmen
bruit *m*	Lärm
brusquement	scharf, unerwartet
C'est l'heure !	Es ist Zeit!
cadre *m*	*hier:* leitender Angestellter
calme	ruhig
candidature *f*	Bewerbung
carottes *f pl* **râpées**	geraspelte Möhren
cartable *m*	Schulranzen
cauchemar *m*	Alptraum
célèbre	berühmt
célibataire	ledig
centre *m*	Zentrum
certificat *m* **médical**	ärztliches Attest
changer les idées à qn	jdn. auf andere Gedanken bringen
changer	ändern
chevalet *m*	Staffelei
choisir *irr*	wählen
choix *m*	Auswahl
chômage *m*	Arbeitslosigkeit
chou *m* **à la crème**	mit Sahne gefüllter Windbeutel
chouquette *f*	Windbeutel
chute *f* **libre**	freier Fall
circulation *f*	Verkehr
clé *f*	Schlüssel
collectionneur *m*	*hier:* Kunstsammler
collège *m*	Gymnasium
coller	anheften, aufhängen
combinaison *f*	Anzug
commande *f*	Bestellung
commander	bestellen
commettre *irr*	ausüben, vollziehen
commissariat *m*	Polizeirevier
commune *f*	Stadtgemeinde
se comporter	sich verhalten
compréhension *f*	Verständnis

comptabilité *f*	Buchhaltung
comptable *m*	Buchhalter
conditions *fpl* **météorologiques**	Wetterbedingungen
confondre *irr*	verwechseln
confortable	bequem
se connaître *irr*	sich kennen
conseil *m* **d'administration**	Aufsichtsrat
conseiller	empfehlen, beraten
consoler	trösten
consommateur *m*	Verbraucher, Kunde
contrat *m* **de travail**	Arbeitsvertrag
copain *m*	Kumpel
copier	nachmachen, kopieren
corail	*hier:* korallenrot
coup *m* **médiatique**	Medieneffekt
cour *f*	Hof
courant *m* **artistique**	Stilrichtung
courir	rennen
courriel *m*	E-Mail
crawl *m*	Kraulschwimmen
créer	erschaffen
cri *m*	Schrei
croire	glauben
cuisson *f*	*hier:* Garstufe
curieux	neugierig
d'ici là	bis dahin
d'un côté..., de l'autre	einerseits..., andererseits...
d'un coup	plötzlich
daltonisme *m*	Farbblindheit
de plus en plus	immer mehr
déchiré	zerrissen
décoller	starten, abfliegen
décompte *m*	*hier:* Countdown
dégrader	beschädigen
délicieux	lecker, köstlich
délivrer	*hier:* ausstellen
délocaliser	auslagern, verlagern
demander qn en mariage	jdm. einen Heiratsantrag machen
démarrer sur les chapeaux de roues	davonbrausen
déménager	umziehen
se dépêcher	sich beeilen

dépenser	ausgeben
déplier	auffalten
déprimer	deprimiert sein
désagrément *m*	Unannehmlichkeit
descendre	herunterkommen
désespérer	verzweifeln
désirer	wünschen
désorienté	verwirrt
dessin *m* **animé**	Zeichentrickfilm
se détacher	sich lösen
détendre *irr*	entspannen
devenir *irr*	werden
devoir *irr*	dürfen; müssen; sollen
différencier	unterscheiden
diriger	leiten
discours *m*	Rede
disparu	verschwunden
divorce *m*	Scheidung
dommage	schade
don *m*	Talent, Gabe
dormir *irr*	schlafen
dossier *m*	Ordner, Unterlagen
doué	begabt
douter	zweifeln
dresser	aufstellen
échanger	austauschen
école *f* **primaire**	Grundschule
écouter	zuhören
écran *m*	Bildschirm
s'embrasser	sich küssen
emmener	mitnehmen, bringen
employeur *m*	Arbeitgeber
s'entendre	sich verstehen
en ligne	*hier:* online
En rang !	Reihe bilden!
en vouloir *irr* **à qn**	*hier:* es auf jdn. abgesehen haben
enfance *f*	Kindheit
enfiler	*hier:* anziehen
enneigé	schneebedeckt
entendre	hören
entretien *m*	*hier:* Vorstellungsgespräch
épaule *f*	Schulter

épouser	heiraten
escarpin *m*	Pumps
estomac *m* **noué**	Magenkrämpfe, Kribbeln im Bauch
étagère *f*	Regal
étrange	seltsam
être *irr* **amoureux de qn**	in jdn. verliebt sein
être *irr* **chanceux**	Glück haben
être *irr* **désolé**	bedauern
être *irr* **en colère**	wütend sein
être *irr* **en retard**	sich verspäten
être *irr* **en train de faire qc**	gerade dabei sein etw. zu tun
être *irr* **en voyage**	verreist sein
être *irr* **marié**	verheiratet sein
évènement *m*	Ereignis
éviter	ausweichen, vermeiden
exagérer	übertreiben
excitant	aufregend
s'exclamer	ausrufen
expérience *f*	Erfahrung
expérimenté	erfahren
expert-comptable *m*	Wirtschaftsprüfer
exposer	ausstellen
fâché	sauer, wütend
facteur *m*	Briefträger
faible	schwach
faire *irr* **fausse route**	*hier:* auf dem falschen Dampfer sein
faire *irr* **la vaisselle**	Geschirr spülen
faire *irr* **le point**	die Lage auswerten
faire *irr* **ses devoirs**	seine Hausaufgaben machen
falloir *irr*	nötig sein
far *m* **breton**	Pflaumenauflauf
fatigué	müde
fauteuil *m*	Sessel
favorable	*hier:* günstig
féliciter	gratulieren
fermer	abschließen
fier	stolz
fille *f*	Tochter
financier	finanziell
fixer	befestigen
fleuve *m*	Fluss
flocon *m*	Schneeflocke

fonctionnaire *m/f*	Beamte/Beamtin
formé	*hier:* ausgebildet
formulaire *m* **de décharge**	Freigabeformular
fort	stark
foulard *m*	Halstuch
freiner	bremsen
gagner	gewinnen
gigot *m* **d'agneau**	Lammkeule
gourmand	naschhaft
goûter	probieren
goûter *m*	süßer Imbiss am Nachmittag
grandir	wachsen
gribouillage *m*	Schmiererei
gribouiller	bekritzeln, beschmieren
grillé	gebraten
guéridon *m*	Beistelltisch; kleiner runder Tisch
guérir *irr*	heilen
guide *m*	Führer
harnais *m*	Gurtwerk
hauteur *f*	Höhe
hériter de qc	etw. erben
hésiter	zögern
heureusement	zum Glück
horrifié	entsetzt, geschockt
il y a du monde	es sind viele Leute da
il y a... que...	es ist/sind... her..., dass...
immédiatement	sofort
impatient	ungeduldig
incident *m*	Vorfall
incroyable	unglaublich
indice *m*	*hier:* Anhaltspunkt, Hinweis
infirmier/-ière *m/f*	Pfleger/Krankenschwester
influent	einflussreich
inhabituel	ungewöhnlich
inquiet	besorgt
s'inquiéter	sich Sorgen machen
s'inscrire *irr*	sich anmelden
inspirer	inspirieren
instituteur/-trice *m/f*	Grundschullehrer(in)
instructeur *m*	Ausbilder
interdire	verbieten
inutile	nutzlos

inventer	erfinden
inviter	einladen
jaloux	neidisch
jardiner	im Garten arbeiten
se jeter	*hier:* münden
jeter un coup d'œil	einen Blick werfen
joli	hübsch
jouet *m*	Spielzeug
jour *m* **J**	Tag X
kouign-amann *m*	Bretonischer Butterkuchen
laisser	*hier:* liegen lassen
lampe *f* **de poche**	Taschenlampe
lecteur/lectrice *m/f*	Leser(in)
lever	*hier:* aufschauen
licencier	kündigen
ligne *f*	*hier:* Verbindung
longer	an etwas entlangfahren
lourd	*hier:* schwerwiegend
loyer *m*	Miete
luminosité *f*	Helligkeit, Glanz
lunettes *f pl*	Brille
lycée *m*	Gymnasium
magret *m* **de canard**	Entenbrust
maigre	mager
malin	gerissen
maniaque	pedantisch
manifester	demonstrieren
manquer	fehlen
marché *m* **du travail**	Arbeitsmarkt
mari *m*	(Ehe)Mann
mariage *m*	*hier:* Ehe
matériel *m*	Material, Ausrüstung
méchant	gemein
méfait *m*	Untat
mensuel	monatlich
menuisier *m*	Schreiner
métier *m*	Beruf
mettre *irr*	*hier:* anziehen
se mettre *irr* **à genoux**	knien
miroir *m*	Spiegel
moniteur *m*	Lehrer
monter	einsteigen

se montrer	sich zeigen
morceau *m*	Stück
mort	gestorben
muet	stumm
nautisme *m*	Wassersport
ne plus avoir *irr* **goût à rien**	zu nichts mehr Lust haben
ne… ni… ni…	weder… noch…
ne… personne…	niemand
nerf *m* **optique**	Sehnerv
nettoyer	putzen
nuire *irr* **à qn**	jdm. schaden
obtenir	erlangen
baccalauréat *m*	Abitur
offre *f* **d'emploi**	Stellenanzeige
offrir *irr*	schenken
opération *f*	*hier:* Geschäft
oublier	vergessen
ouvrier *m*	Arbeiter
pagaie *f*	Paddel
pâle	blass
paniquer	in Panik geraten
Pâques *f pl*	Ostern
par hasard	durch Zufall
paraître *irr*	erscheinen
partager	teilen
participer à qc	an etw. teilnehmen
partir *irr*	*hier:* gehen
passer prendre qn	jdn. abholen
passer	*hier:* vergehen
pâtisserie *f*	Konditorei
pâtisseries *f pl*	Feingebäck
pâtissier *m*	Konditor
pavé *m* **de saumon**	Lachssteak
persuadé	überzeugt
peser	wiegen
petit ami *m*	fester Freund
pièce *f*	*hier:* Zimmer
piste *f* **de danse**	Tanzfläche
se plaindre *irr*	sich beschweren
plaire *irr*	gefallen
plat *m*	Gericht
poème *m*	Gedicht

poli	höflich
porter	tragen
poste *m*	Stelle
pourtant	jedoch; dennoch; doch
pousser	*hier:* schieben
poussiéreux	staubig
pratique *f*	*hier:* Übung, Erfahrung
précipité	voreilig
préféré	Lieblings-
préférer	bevorzugen
prendre sa source	entspringen
préparer	vorbereiten
près de	in der Nähe von
presser	*hier:* eilen
prêt	bereit
prétexte *m*	Vorwand, Ausrede
prévenir *irr*	*hier:* benachrichtigen, wissen lassen
prime *f*	Prämie
profiter de qc	*hier:* etw. genießen
se promener	spazieren gehen
proposer	*hier:* anbieten
propre	*hier:* eigen
propriétaire *m/f*	Besitzer(in), Eigentümer(in)
prouver	beweisen
prudent	vorsichtig
quai *m*	Kai
quartier *m* **des affaires**	Geschäftsviertel
quartier *m*	Stadtviertel
quelquefois	manchmal
quercitron *m*	Färber-Eiche
quitter	verlassen
raccrocher	auflegen
raconter	erzählen
raison *f*	Grund
raisonnable	vernünftig
randonnée *f*	Ausflug, Wanderung
rang *m*	Reihe
ranger	aufräumen
rare	selten
rassurant	beruhigend
rattraper	*hier:* fangen
raviver	lebendiger erscheinen lassen

rayon *m*	*hier:* Abteilung
rayures *f pl*	Streifen
réception *f*	Empfang
recette *f*	Rezept
religieuse *f*	*hier:* Windbeutel
reconnaissant	dankbar
reconnaître	erkennen
recouvert	bedeckt
réfléchir *irr*	nachdenken, überlegen
réfrigérateur *m*	Kühlschrank
refuser	ablehnen, sich weigern, verweigern
régulièrement	regelmäßig
rejoindre *irr* **qn**	zu jdm. gehen, jdn. treffen
se relever	*hier:* aufstehen
remarquer	bemerken
rembourser	zurückzahlen
remplaçant *m*	Vertreter(in), Nachfolger(in)
remplir *irr*	*hier:* ausfüllen
remporter	*hier:* gewinnen
rencontre *f*	Treffen, Begegnung
rendez-vous *m*	Termin
rendre *irr* **visite**	besuchen
renseignement *m*	Auskunft
rentrer	*hier:* nach Hause gehen
répéter	wiederholen
reprendre *irr*	*hier:* von vorne anfangen
réputation *f*	Ruf
réservé	reserviert
ressentir *irr*	empfinden
ressources *f pl* **humaines**	Personalbereich
rester sans voix	sprachlos sein
résultat *m*	Ergebnis
retirer	zurücknehmen
réunir *irr*	versammeln
réussi	erfolgreich
réussir *irr*	gelingen, etw. schaffen
réviser	*hier:* lernen
rez-de-chaussée *m*	Erdgeschoss
rhubarbe *f*	Rhabarber
rideau *m*	Vorhang
rompre *irr* **le silence**	die Stille durchbrechen
rouge *m* **cochenille**	Karminrot

sauter dans le vide	ins Leere springen
salaire *m*	Gehalt, Lohn
salarié *m*	Arbeitnehmer
salle *f* **d'attente**	Wartezimmer
salle *f* **de cours**	Schulungsraum
saluer	begrüßen
sapin *m*	Tannenbaum
satisfait	zufrieden
saut *m* **en parachute**	Fallschirmsprung
secours *m pl*	Rettungsdienst
sécurisé	gesichert
sécurité *f*	Sicherheit
semblable	ähnlich
sérieux	ernsthaft, langweilig
serrurier *m*	Schlosser
serveur *m*	Kellner
service *m* **militaire**	Militärdienst
siècle *m*	Jahrhundert
siège *m*	Sitz, Hauptsitz
signe *m*	Zeichen
signer	unterschreiben
sincèrement	ehrlich, aufrichtig
sinon	sonst
sombre	dunkel
sonner	klingen
sortie *f*	*hier:* Ausstieg
sortir *irr* **de**	aus etw. gehen, etw. verlassen
sortir	ausgehen
soudain	plötzlich
souffler	*hier:* wehen
souffrir *irr* **de**	an etw. leiden
soulagé	erleichtert
souriant	lächelnd
sous aucun prétexte	unter keinen Umständen
sous le feu des projecteurs	im Rampenlicht
sous-sol *m*	Untergeschoss
soutenir *irr*	unterstützen
souvenir *m*	Erinnerung
stage *m*	Praktikum
stagner	stagnieren
standardiste *m/f*	Telefonist(in)
stupéfait	verblüfft

succès *m*	Erfolg
suivre *irr* **une formation**	eine Ausbildung machen
suivre *irr*	folgen
sûr	sicher
surprendre *irr*	überraschen
suspendu	ausgesetzt
tagué	besprüht
taguer	sprayen, taggen
télécharger	herunterladen
télésiège *m*	Sessellift
télévision *f*	Fernseher
tendu	angespannt, gespannt
tenir la main de qn	jds. Hand halten
timide	schüchtern
toile *f*	*hier:* Gemälde
toile *f* **de parachute**	Fallschirmsegel
touché	betroffen
trac *m*	Lampenfieber
trouble *m*	Störung
unique	*hier:* einzig
usine *f*	Fabrik
valider	einlösen
veille *f*	Vortag, Vorabend
vélo *m*	Fahrrad
vérifier	überprüfen, nachprüfen
vernis *m*	Lack
vertige *m*	Höhenangst
veuf	verwitwet
viennoiserie *f*	Feingebäck
vieux/vieille	alt
vif	*hier:* grell
virer qn	jdn. feuern
vite	schnell
voisin *m*	Nachbar
voix *f*	Stimme
volant *m*	Lenkrad, Steuer

Liste des exercices

Bildnachweis
Shutterstock: AnaV 105; Yoko Design 108 (Sessel); Alex Melnik 108 (Berge); Lyudmyla Kharlamova 108 (Leinwand); airdone 108 (Kuchen)

Spannend Sprachen lernen

Kriminell gut

So bunt war Sprachenlernen noch nie!

- spannende Comics für fortgeschrittene Anfänger
- landestypische Settings, actionreiche Szenen und authentische Sprache
- textbezogene Übungen nach jeder Geschichte
- Vokabelangaben auf jeder Seite
- Infokästen zu Sprache und Grammatik

ISBN 978-3-8174-2087-2

www.lernkrimi.de | www.circonverlag.d